고등학생을 위한 헌법 에세이

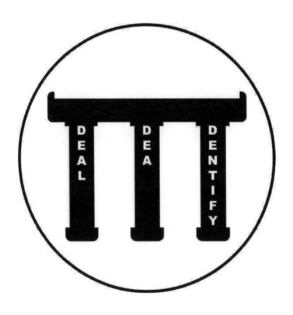

<목차>

Ⅰ. 헌법 제정부터 현행 헌법까지 간략한 역사

1. 제정헌법 직전까지 배경

헌법은 한 번 만들어지면 이후는 개정만 있다. 헌법을 만들 수 있는 주체, 즉 헌법제정권자는 국민이다. 우리나라 헌법의 시작은 1948년 5월 10일 '제헌국회'에서 만들어졌다. 제헌헌법은 국회의원 임기를 4년으로 하지만, 5월 10일 선거로 제헌국회에 속해있던 국회의원들의 임기는 2년이었다. 여기서 헌법 제정에 목적을 두고 구성한 국회라는 점이 드러난다. 헌법을 제정할 때는 당시의 지배적 정치 이념과 일반 가치를 반영해야 한다. 제정헌법에 반영된 정치 이념은 '자유민주주의', '시장경제' 두 가지였다. 그리고 '국민의 자유와 권리 보장'은 일반 가치가 되었다.

헌법이 만들어진 날은 제헌절(7월 17일)이다. 오늘날 제헌절이 단순한 공휴일로 치부되지만, 역사를 살펴보면 매우 중요한 날이다. 제헌절은 우리나라가 '법적으로 독립된 국가'임을 선포한 날이다. 1945년에 일본으로부터 해방된 이후, 우리나라는 수년간 국제사회에서 제대로 인정받지 못했다. 1948년 7월 17일 헌법이 공포되던 날. 우리나라는 드디어 전 세계를 향해 '합법 정부'임을 선언할 수 있었다. 제헌절은 단순히 헌법을 만든 날이라 중요한 게 아니다. 전 세계에 법적으로 독립국이 되었다는 것을 공포한 날이라 중요한 것이다.

1910년, 을사늑약으로 우리나라 주권이 완전히 상실됐다. 해외, 국내에서 9년간의 독립운동이 벌어졌고 1919년 3월 1일, 3·1운동이 일어났다. 3·1운동은 '독립정신'이 매우 강했고, 이 정신은 상해 임시정부 설립까지 이어진다. 당시 상해는 프랑스가 빌려서 통치하던 지역이라 상대적으로 안전하고 자유로운 활동을 할 수 있었기에 임시정부가 위치하기 적절했다. 그로부터 한 달 뒤, 4월 13일에 '대한민국 임시헌장'을 제정했다. 한국 최초로 헌법의 성격을 지닌 문서가 탄생한 순간이었다. 헌장에는 우리나라 국호는 대한민국으로, 국가형태는 민주공화국이라고 명시되어있었다. 희한한 일은, 민주공화국을 선포하는데 갈등이 하나도 없었다는 점이다. 천 년 동안 군주제를 채택해온 우리나라지만, 민주공화국으로 국가형태를 바꾸었는데 군주 파와 갈등이 없었다는 건 희한한 일이다.

1919년 9월 11일. '대한민국 임시헌법'이 만들어졌다. 드디어 우리나라도 근대 입헌주의를 바탕으로 한 헌법 체계를 갖추게 된 것이다. 임시헌법에서는 대통령제를 채택하고 있고, 영토조항과 주권재민, 권력분립 내용이 포함되어 있다. 임시정부의 임시헌법은 총 5차례 개정되었고 5차 개정 (임시) 헌법은 1941년에 제정된 '대한민국건국강령'에 영향을 받아 훗날 1948년에 만들어질 제정헌법에 큰 영향을 주었다.

1945년 8월 15일, 일본은 항복했다. 우리나라에 갑작스럽게 해방이 찾아온 것이다. 이때 김구는 탄식했다고 한다. 우리 손으로 해방을 쟁취하지 않았기에 세력이 없었고, 한국을 대표할만한 집단이 없었기 때문이었다. 사실, 국제사회에서는 우리나라가 해방되기 이전부터 여러 이야기가 오가고 있었는데, 대표적인 내용이 '카이로 회담'과 '포츠담 회담'이다. 1943년 미국, 영국, 중국은 카이로에서 한국 독립을 약속하는 '카이로 선언'을 발표했었고 1945년 7월, 미국, 영국, 중국, 소련은 일본에 무조건적 항복을 권고하며 카이로 선언 이행을 확인하는 '포츠담 선언'을 발표했었기 때문이다.

이후, 1945년 12월에 모스크바 결정이 있었다. 우리나라를 미, 영, 중, 소 4개국 공동으로 5년간 신탁통치를 한 이후 완전한 독립국으로 이행시키자는 결정이었다. 지금 생각해보면 소련과 중국이 감히 대한민국을 신탁통치 한다니 말 같지도 않다. 하여튼, 해방 후 3년, 즉 '미 군정기'로 불리는 이 기간 우리나라는 내부적으로 갈등이 심각했다. 새로 국가를 만들어야 하는데 이념과 체제를 결정해야 하는 건 당연하다. 어떤 이념과 체제를 할 것인지 두고 좌익과 우익의 갈등이 첨예하게 대립했다. 건국의 주도권을 두고 벌어진 대립은 마침내 타협을 포기하고 갈라서는 결과로 이어졌다.

모스크바 결정으로 인해 우리나라에는 '반탁운동'이 펼쳐졌다. 이승만과 김구를 중심으로 신탁 통치반대위원회가 결성되었고 의외로 공산 진영도 여기에 참여했다. 서로 다른 이념을 가진 집단이 신탁통치를 반대하기 위해 모인 것이다. '신탁은 독립을 무효로 하는 것이며 사형선고일 뿐'이라며 반탁을 외쳤다. 하지만, 아니나 다를까 공산 진영이었던 조선공산당, 북조선분국은 4일 만에 찬탁 입장으로 돌아섰다. 소련의 지시를 받았기 때문이다. 당시 우익은 반탁이었고 좌익은 찬탁이었다. 소련은 비밀지령을 통해 북한에 단독정권을 세울 것을 계획하고 있었다. 소련 해체 후 기밀문서 공개로 이 사실이 확인되었다.

1946년 6월. 이승만은 '정읍 발언'으로 불리는 내용을 호소한다. 남쪽만이라도 임시정부를 세우거나 하다 못해 위원회를 만들어 소련이 철수하도록 해야 한다는 내용의 호소였다. 누군가는 이 내용을 두고 이승만이 분단의 원인이라고 지목하기도 한다. 하지만 소련은 이미 비밀리에 단독정부를 구상하고 있었다. 당시에 이승만도 공산 진영의 움직임이 심상치 않았음을 느끼고 있었을 것이다. 즉 정읍 발언은 공산화에 대응하기 위한 주장이었을 수 있다. 한편, 결렬된 미소공위에서 소련은 '신탁통치에 반하는 정당과 사회단체를 협의 대상에서 제외하라'라는 주장을 펼쳤다. 미소공위가 결렬된 1947년 당시에는 이미 북한에 임시위원회가 구성되어 있었다. 가만히 있다가는 남한까지 공산화될 여지가 다분했다. 이러한 상황을 볼 때 북한 임시위원회에 대한 대응으로 남한 임시정부를 언급한 듯하다.

1946년에는 김규식과 여운형을 필두로 '좌우합작위원회'가 구성되었다. 이 위원회는 제헌국회가 구성되기 전까지 입법기관처럼 활동했던 위원회다. 하지만 좌우합작위원회의 의원들을 뽑는 선거는 그리 민주적이지 않았다. 당시 일개 중장이 이승만 지지자가 대거 당선되자 재선거를 명령하는 상황이 펼쳐지기도 했었다. 교육 장면에서도 그렇고 정치 장면에서도 그렇고, 지식인이라고 보기 어려운 미국 장군들은 입맛대로 헛짓거리를 많이 했었던 듯하다.

이승만이 미국에 있던 1947년 3월, '트루먼 선언'을 통해 미국에 큰 변화가 생겼다. 미국이 전 세계가 공산화되는 것을 막기 위해 세계 각국에 대하여 군사, 경제 원조를 하겠다는 선언이었다. 이때부터 냉전이 시작됐다. 트루먼 선언을 지켜본 이승만은 다시 우리나라로 돌아왔고, 좌우합작위원회도 해산됐다. 당시 동유럽 국가들이 공산국가가 되는 과정에서 필수로 거친 단계가 좌우합작이었다는 걸 생각해보면, 이 위원회가 우리나라에서 금방 해체된 것은 다행인 일 같다.

1947년 11월 14일 유엔 총회 본회의는 남북한 총선거 결의안을 채택했다. 제헌 의회를 구성하고 헌법을 제정하고 유엔 한국 임시위원단을 설치한다는 내용이 포함된 결의안이었다. 그러나 소련이 똥을 뿌렸다. 북조선 입경을 거부한다고 떼를 쓰자, 어쩔 수 없이 임시위원단은 소총회에 남한 총선거를 승인해달라고 요청했다. 1948년 2월 26일 유엔 소총회는 남한 총선을 결정했다.

남한에서 총선거가 시행되자 남로당 위원장이었던 박헌영이 명령을 내렸다. 남한 선거를 폭력으로 저지시키라는 것이었다. 1948년 4월 3일 제주도에 있던 '인민해방군'을 자처한 남로당원들이 무기류를 지참하고 한라산에서 내려와 경찰서, 면사무소, 선거사무소를 습격하는 등 무장반란을 일으켰다. 당시 남로당 제주위원회가 중앙위원회로 회신한 내용에서는 다음과 같은 내용을 볼 수 있었다. "남조선노동당 중앙위원회 만세", "조선민주주의인민공화국 만세". 2001년 헌재는 4·3사건을 폭도들이 대한민국 건국을 방해하려 반란을 일으킨 것이라고 전원일치 의견으로 분명하게 밝혔다.

1948년 10월 9일. 이승만은 제주도에 가서 반동분자들을 제압하라고 여수에 주둔한 제14연대에 명령을 내린다. 그러나 당시 지창수와 김지회는 명령을 거부하고 상관을 살해한 뒤 군사 반란을 일으켰다. 이때 좌익을 지지하던 시민들이 대거 가담했다. 반란군들은 여수를 장악하고 북한 인공기를 게양했다. 이어서 순천을 점령하는 과정에서 민간인을 학살하기도 했다. 이승만은 여수와 순천에 비상계엄을 선포했다. 이 계엄은 우리나라 최초의 계엄령이었다.

2. 제헌헌법 제정과 내용

1948년 5월 10일. 임기 2년짜리 국회의원 198명으로 제헌국회가 구성됐다. 국회에서는 헌법을 만들기 위해 '헌법 기초위원회'를 만들었고, 유진오를 시켜 헌법 초안을 작성하도록 주문했다. 6월 초안이 국회에 상정된 후 3회 독을 마치고 7월 17일 국회의장 이승만의 서명으로 대한민국 헌법이 공포되었다. 1948년 8월 15일에는 대한민국 정부 수립 선포식이 거행되었다. 1945년 8월 15일에 해방되고, 3년 뒤인 1948년 8월 15일에 대한민국이 건국되었다.

간혹 1919년 임시정부 수립을 대한민국 건국으로 봐야 한다는 의견을 내는 사람들이 있다. 내가 볼 때 이건 이치에 맞지 않는 말 같다. 엄밀히 말하면 임시정부는 대한민국의 건국을 선포하긴 했지만, 임시정부만 만들었고, 실제 건국에는 실패했다. 따라서 현행 헌법에 나와 있는 '건립'이라는 말은 "임시정부가 대한민국을 건설해보려 했지만, 실패했다"라고 봐야 한다. '재건'이라는 말도 마찬가지다. 재건축하듯이 건설된 것을 다시 건설한다는 의미가 아니라, 임시정부가 앞서 실패했던 건립을 이어서 다시 건설한다는 의미로 봐야 한다.

전문 내용에 대한 해석 외에도 임시정부 수립을 건국으로 볼 수 없는 근거는 또 있다. 국가의 3요소는 영토, 주권, 국민이다. 임시정부는 이 3요소를 갖추지 못하였기에 그냥 독립운동을 하는 단체일 뿐이다. 그리고 임시정부는 선거를 통해 구성된 정부가 아니라는 점도 기억해야 한다. 이 사실을 당시 임시정부 구성원들도 충분히 인지했기에 모든 문서에 '임시'라는 단어를 사용했다고 보는 것이 타당하다. 무엇보다도 국제사회는 임시정부를 정상적 정부로 인정하지 않았다. 세계인들의 시각으로 볼 때 임시정부는 임의의 단체일 뿐이었다. 따라서 임시정부는 건국을 준비한 조직일 뿐, 건국의 결과로 보는 것은 이치에 맞지 않는다. 일부 사람들이 1919년 임시정부를 도대체 왜 건국이라고 주장하는지, 그로써 뭘 얻으려고 하는 건지 모르겠다.

제헌헌법의 내용 중 '국호', '영토', '기본권' '정부 형태', '경제 질서'는 유념해 볼 만 하다. 우리나라 국호를 대한민국으로 한 건, 일본에 빼앗긴 국호를 다시 찾아 독립했다는 의미를 살리자는 의견이 반영된 것이다. 그리고 3·1운동으로 세워진, 즉 임시정부의 법통을 계승한 한반도의 유일 합법 정부라는 점도 밝히고 있다. 영토는 한반도 전역이다. 그리고 제헌헌법에서는 보통선거권을 보장하고 있다. 보통선거는 미국의 경우 1960년, 스위스의 경우 1971년이다. 우리나라가 1948년으로 더 빠르다. 하지만 당시 교육 수준과 국민 의식 수준을 생각해봤을 때 보통선거를 바로 도입하는 것이 현실적으로 옳은 선택이었을까 하는 회의가 든다.

제헌헌법에서 대통령은 간선제로 선출했다. 그 이유는 시간적인 문제에 있다. 7월 17일에 헌법을 공포하고 8월 15일에 정부를 출범해야 하는데 국민 직선제로 대통령을 선출하는 것은 당시엔 무리가 있었기 때문이다. 대통령은 간선제로 선출하고 임기 4년 1차 중임할 수 있도록 했고, 국회는 단원제, 임기 4년으로 했다. 2년짜리였던 제헌 의회와 다르다는 점을 기억할 필요가 있다. 마지막으로, 제헌헌법에서 우리나라 경제 질서를 살펴볼 필요가 있다. 당시 우리나라 경제는 '통제경제 질서'였다. 시장경제에 대한 경험이 없었기에 혹시

몰라 국가가 경제에 개입하고 관여할 수 있도록 허용했기 때문이다. 경제 질서의 구체적 내용 중에 농지개혁을 유념해 볼 만하다.

우리나라는 '유상몰수 유상분배'였고 북한은 '무상몰수 무상분배'였다. 이것만 놓고 봤을 땐 북한이 더 좋아 보이지만 실상은 그렇지 않았다. 무상분배 후 소출 40%를 세금으로 거두었고, 이후에는 무상분배된 농지들을 모두 집단 농장화시켰다. 반면 우리나라는 그렇지 않았다. 유상분배 후 5년 동안만 소출 30%를 내면 농지를 개인에게 줬다. 유상분배가 부담스러워 땅을 포기하는 농민은 없었다. 1949년의 농지개혁은 우리나라에 시장경제가 가능하도록 한 첫 번째 공여라고 할 수 있다.

3. 제헌헌법의 개정(1차부터 9차까지)

헌법개정권력자는 헌법제정권력자와 동일하다. 즉 우리 국민만이 헌법을 개정할 수 있다는 것이다. 헌법을 개정할 때는 '부분' 개정을 하거나 '전면' 개정을 하게 된다. 그럼 헌법개정은 왜 하는 걸까? 헌법개정을 통해 규정과 현실을 일치시켜 현실적 규범력으로 작동할 수 있게 만들기 위해서다. 즉 현실 적응성을 제고시켜 헌법의 실효성을 유지하기 위해 헌법개정은 필요한 작업이다. 헌법개정 방식은 나라마다 차이가 있다. 독일의 경우 의회 의결로 헌법을 개정하며 미국은 모든 주의 3/4 이상 승인을 요구한다. 대다수 국가는 국민 투표를 통해 헌법을 개정하는데 우리나라의 경우가 이에 해당한다.

헌법개정은 대통령이나 국회가 제안할 수 있다. 헌법개정안이 제안되면 대통령은 20일 이상 이 개정안을 공고해야 한다. 그리고 국회는 공고일로부터 60일 이내에 의결해야 하며, 재적의원 2/3 이상이 찬성해야 의결이 이루어진다. 이때 이루어지는 투표는 기명투표다. 역사적 책임 소재를 명확히 하기 위해서다. 국회가 헌법개정안을 의결했다면 이제 국민 투표로 넘어간다. 의결일로부터 30일 이내에 국민 투표에 부쳐지며 선거권자 과반수가 투표에 참여해 투표자 과반수가 찬성해야 개정이 이루어진다. 이렇게 헌법개정안이 확정되면 대통령은 즉시 공포해야 한다. 한편, 우리나라 20대, 30대 투표 참여 모양새를 봤을 때 훗날 국민 투표에서 과반 참여를 기대할 수 있을지 의구심이 든다.

우리나라는 1948년 7월 17일 제정 이후 총 9차례 개헌이 이루어졌다. 독일은 60번이나 부분 개정을 해왔고, 우리나라는 9번의 개정을 부분 개정이 아니라 전면 개정을 주로 해왔다.

(1). 제1차 헌법개정(1952.07.07.)

일명 '발췌개헌'이라고 불리는 개정이다. 당시 이승만 정부는 대통령 직선제를 개정안으로 제출했다. 부결되었다. 그리고 야당은 의원내각제를 개정안으로 제출했다. 또 부결되었다. 이 둘을 합쳐서 대통령직선제와 양원제를 '발췌'하는 식으로 개정이 이루어졌다. 이밖에도 1차 개헌은 문제가 많았다. 개헌 공고도 없었으며, 폭력적 위협을 통해 기립 표결을 강요하는 등 비민주적으로 이루어졌기 때문이다. 심지어 일사부재의 원칙을 위반한 채 개헌이 이루어졌다. 개정 과정 자체가 비민주적인데 개정된 헌법에 민주적 정당성을 기대할 수 있었을지 의문이다.

(2). 제2차 헌법개정(1954.11.27.)

일명 사사오입 개헌이다. 1차 개정 후 2년 지나고 보니까, 이승만은 장기 집권을 하고 싶었나 보다. 그래서 '1회에 한하여 중임할 수 있다'라는 조항을 없앤

개헌안을 국회에 제출한다. 당시 재적의원은 203명이었고, 국회 표결 결과 135표가 나왔다. 재적의원 2/3가 되려면 136명이 찬성해야 하는데 기가 막히게 1표가 모자라는 상황이었다. 그래서 이승만은 어마무시한 논리를 꺼내 든다. 203명의 2/3 이상은 135.33이며, 사람은 0.33일 수 없기에 135표만으로 가결될 수 있다는 논리를 편 것이다. 이 대단한 논리로 2차 헌법개정은 가결됐다.

2차 개헌의 특징은 일단 연임 제한이 없어졌다는 점이 가장 크겠다. 그리고 자유시장 경제체제가 강화되었다. 헌법개정에 관해서 국민 발안제도 이때 들어왔다. 자유시장이고 뭐고, 평등 원칙이 위반된 개헌은 민주적 정당성을 얻기 힘들다. 사사오입 사건을 보면서 의결정족수라는 개념의 의미를 다시 생각해 볼 필요가 있다.

(3), 제3차 헌법개정(1960.06.15.)

이승만은 2대, 3대, 4대 대통령에 당선되었다. 2대 선거에서 조봉암을 이겼고, 3대와 4대는 경쟁할 필요가 없이 이겼다. 선거를 앞두고 후보들이 갑자기 사망했기 때문이다. 그러나 부통령 선거는 달랐다. 3대 부통령 선거에서 이기붕이 낙선하자, 4대 부통령 선거에서 오만가지 부정선거를 동원해 이기붕을 부통령으로 당선시켰다. 이 오만가지 부정선거가 바로 3·15 부정선거다. 이 부정선거는 4·19 혁명으로 이어졌고, 4월 26일 이승만 하야로 끝났다.

4·19 혁명은 저항권을 바탕으로 국민이 주권의식과 민주 의식을 강력하게 만들어 준 계기가 되었다. 3차 개정안에서도 몇 가지 내용이 바뀌었다. 우선, 선거연령이 20세로 내려갔다. 그리고 정당해산제도가 생겼다. 의원내각제로 정부 형태를 바꿨다. 그래서 대통령은 상/하원 합동회의에서 선거로 선출하기로 했다. 임기는 5년짜리 1회 중임제다. 경찰의 중립성도 보장되었다. 무엇보다 중앙선거위원회가 헌법기관으로 설립되었다는 점은 유념할만하다.

(4). 제4차 헌법개정(1960.11.29.)

희한한 일이다. 몇 달 전에 개정하고 다시 개정했다. 그 이유는 3·15 부정선거 관련자들의 처벌이 제대로 이루어지지 않았기 때문이었다. 당시 적절한 법률이 없어 무죄를 받은 관련자들이 있었다. 국민은 시위를 벌였고 결국 소급입법의 근거를 마련해냈다. 학생들이 국회를 점령하고 3·15 부정선거와 4·19 관련자들을 처벌하는 법을 만들라고 주장했다. 결국, 이들을 처벌하기 위한 특별법을 제정할 수 있다는 내용을 헌법에 넣었다. 형식상은 민주적이지만, 그 실체는 아주 반민주적이다. 포퓰리즘에 의한 부작용이라고 부르기도 역겨운, 떼법이라고 할 수 있다. 당시 일부 국민은 시위를 남용했고, 이 사건도 과도한 시위의 결과 중 하나였다.

(5). 제5차 헌법개정(1962.12.26.)

우리 엄마가 태어난 이듬해, 1961년 5월 16일 박정희가 쿠데타를 일으켜 3권을 장악했다. 군사혁명위원회라는 걸 조직하고 비상계엄을 선포했다. 왜 이런 일이 벌어졌을까? 앞 정권, 즉 장면 정권이 심하게 무능했기 때문이다. 정치인의 무능과 국민의 지나친 욕구들로 우리나라는 정치, 사회적으로 아수라장이었다. 이런 상황에서 박정희가 등장한 것이다. 정권을 이양받은 혁명정부는 '헌법심의위원회'를 발족해 헌법개정을 준비시켰고, 국가재건최고회의 의결과 국민 투표를 통해 확정되었다. 이때 헌법 전문이 대폭 수정되었고, 헌법개정 시 국민 투표제를 하도록 만들었다. 국회는 다시 단원제가 되었고, 임기는 4년 1회 중임 가능한 대통령제로 돌아왔다. 재밌는 점은, 기본권 내용이 대폭 강화되었다는 점이다. 독재 정부는 헌법의 기본권을 강화해 정당성을 확보하려는 경향이 있다. 그 외에도 대법원과 헌법재판소의 자율권이 보장되었다.

(6). 제6차 헌법개정(1969.10.21.)

삼선개헌이라 불리는 헌법개정이다. 박정희는 5대, 6대 대통령에 당선되었고, 연임 횟수를 3회까지 늘리는 개정안을 국회에 제출했다. 말할 것도 없이 여당과 야당 간에 첨예한 대립이 있었으나 여당이 새벽에 개정안을 후다닥 처리했다. 결국, 국회를 통과하고 공포, 시행되었다. 대통령 재임이 3회 연장되었고, 국회의원이 국무위원을 겸직할 수 있게 되었다.

(7). 제7차 헌법개정(1972.12.27.)

박정희는 지난 6차 헌법개정 후 7번째에서 김대중과 경선에서 이겨 또 대통령이 되었다. 이번이 세 번째 되는 대통령이었다. 그러나 민심은 이미 똥통이었고, 박정희는 언론을 억압하고 근로자를 탄압하며 독재를 강화하고 있었다. 3번만 할 심산이 아니었던 것이다. 1971년 12월 27일. 국가 위기를 극복한다며 '국가보위에관한특별조치법'을 제정했다. 이 법은 헌법 위의 헌법이었다. 즉 이 법에 따르면 초헌법적 국가 긴급권을 자의적으로 행사할 수 있다는 것이다. 아니나 다를까,

1972년 10월 17일에 비상조치로 국회가 해산되고 정치 활동이 중단되었다. 유명한 10·17 비상조치다. 그리고 헌법개정안 공고와 함께 국민 투표를 시행했다. 그렇게 12월 27일 유신헌법이 공포되었다. 유신헌법은 형식은 헌법이지만, 헌법이라고 보기 어렵다. 독재를 넘어 왕정에 가까운 권력을 사용할 수 있기 때문이다. 대통령제는 간선제, 6년짜리로 바뀌었다. 체육관에서 거수기 불러다 놓고 대통령 하겠다는 것이다. 그리고 대통령이 국회의원 1/3을 임명할 수 있었다. 당연히 국회는 약화되었고, 무소불위의 권력은 기본권까지 약화시켰으며 헌법개정 절차를 이원화해 놓았다.

(8). 제8차 헌법개정(1980.10.27.)

과유불급. 왕이 되고 싶었던 박정희는 10월 26일, 김재규에게 총 맞아 죽었다. 최규하 총리가 대통령 권한을 대행했고, 국민의 성화에 못 이겨 새로운 헌법 질서 수립을 약속했다. 유신체제가 박살이 나면서 서울의 봄이 찾아왔었지만, 봄은 짧았다. 1979년 12월 12일. 탱크 보이. 즉 전두환이 노태우와 손잡고 등장했다. 육군참모총장을 체포하고 1980년 5월 17일 비상계엄을 선포했다. 그리고 그다음 날인 5월 18일 광주에서 살육을 벌였다. 같은 해 8월 최규하는 사임했다. 그리고 전두환은 대통령이 되었다. 국민 투표를 거쳐 8차 개정 헌법이 공포되었다. 전문에 제5공화국임을 명시하고, 기본권을 신장시키고 인권 불가침성을 강조했다. 이렇게 정당성을 얻으려는 시도는 독재정권의 종특이다. 대통령제는 그대로 간선제였고, 7년 단임제로 결정되었다. 단, 권위주의에서 벗어나 입헌주의 질서를 회복했다는 점은 유념할만하다.

(9). 제9차 헌법개정(1987.10.29.)

현행 헌법이 제9차 개정헌법이다. 개정 횟수가 9번이니까, 현행 헌법은 10번째 헌법이다. 전두환은 1987년 4·13 호헌조치를 발표했다. 개헌을 88올림픽 뒤로 미루겠다는 내용의 담화였다. 전 국민은 반대했고 민주화운동을 펼쳤다. 바로 6·10 항쟁으로 불리는 민주화운동이었다. 6월 29일, 노태우는 어쩔 수 없이 대통령직선제 개헌을 약속했다. 그렇게 민주화가 이루어졌다. 여당과 야당 8명이 정치회담을 구성해 헌법개정을 논의했고, 개정안을 확정해 국민 투표에 부쳤다. 그 결과 우리나라 최초의 여·야 합의 개헌이 이루어지게 되었다.

개정된 내용이 현행 헌법 내용이다. 상해임시정부의 법통을 계승하고 있다는 점, 4·19 저항정신을 존중한다는 점이 명시되었다. 한편 독재에 거의 트라우마 생기기 직전까지 갔던 만큼 신체의 자유를 대폭 강화함과 동시에 구속적부심사 범위를 확대했다. 그동안 못 했던 말을 다 하고 싶어서였는지 표현의 자유도 강화되어 허가와 검열을 금지했다. 대통령제는 우리가 알고 있듯 직선제가 되었고, 임기는 5년 단임제가 되었다. 그리고 다시 헌법재판소가 설치되었다.

II. 현행 헌법의 개요와 전문

1. 헌법의 개념과 특성

기본권 관련한 내용은 없더라도 통치구조는 어느 국가에나 있다. 헌법도 맨 처음에는 통치구조만 담고 있었다. 즉 국가 조직이 어떻게 되어있는지, 구조는 어떻게 구성했는지, 국가 체제는 무엇인지에 관한 내용만 담겨 있었다는 얘기다. 헌법을 영어로 표기하면 'constitution'인 이유가 여기에 있다. 프랑스 인권선언 제 16조를 보자. '권력분립이 규정되지 않은 사회는 헌법을 가진 것이라 할 수 없다'라고 명시되어있다. 권력분립은 기본권 내용과 직결되는 내용이 아니다. 통치구조에 관한 이야기다. 어떤 국가의 헌법을 헌법이라고 부를 수 있으려면 통치구조에 관한 내용은 꼭 담고 있어야 한다는 말이다. 그러나 통치구조만 기술해놓은 헌법은 근대적 입헌주의 헌법이다. 현대적 의미가 있으려면 여기서 한발 더 나아가야 한다. 칼 뢰벤슈타인(K. Lowenstein)은 현대적 헌법의 의미를 다음과 같이 잘 말해주고 있다. "헌법은 권력과정에서 권력 남용을 방지하기 위해 권력 담당자의 권력을 견제하는 수단이다." 오늘날 헌법에서 권력 남용을 방지하기 위한 내용은 대부분 '기본권'이라는 내용으로 헌법에 담겨 있다. 따라서 오늘날 헌법 내용은 기본권 내용이 담겨 있는 부분과 통치구조에 관한 내용이 담겨 있는 부분으로 대략 분류해 볼 수 있다.

헌법이라는 개념이 어떻게 생겼는지 대충 이해했다면, 이제 헌법 개념을 바라보는 관점을 대강 알아봐야 한다. 헌법관은 크게 세 가지가 있다. 첫째, 규범주의적 헌법관. 둘째, 결정론적 헌법관. 셋째, 통합주의적 헌법관. 규범주의적 헌법관은 켈젠(Kelsen)이 대표적으로 주장했던 헌법관이다. 이 관점에 따르면 국가는 강제적인 법질서고 헌법은 실정법 질서 중 최상위 규범이다. 얼핏 보면 맞는 말이다. 이런 관점은 법실증주의를 바탕으로 두고 있다. 법실증주의자들에게 규범은 곧 실정법이다. 따라서 법의 이름으로 자행되는 모든 건 다 정당하다고 본다. 히틀러가 이 논리로 무엇을 했는지 생각해보자. 그럴싸하게 보인다고 마냥 좋은 관점은 아니다.

둘째, 결정론적 헌법관은 칼 슈미트(C. Schmitt)의 주장이 대표적이다. '국가는 정치적 결단의 산물이며 결단을 내릴 수 있는 자는 주권자다. 그리고 주권자의 지배 의사 표명은 명령이다. 이런 명령의 규범화가 곧 헌법이다.' 이것도 얼핏 보면 당연한 얘기다. 우리 국민이 주권자고, 국민의 요구가 헌법에 들어가 있어야 하는 것도 맞고, 그것이 사회 기본질서로 규범화되어있어야 하는 것도 맞다. 그러나 독재자도 결단권자인 '국민'이라는 걸 간과해선 안 된다. 이 관점에 따르면 독재자의 정치적 결단도 헌법이다. 즉 독재 정당화 논리로 써먹기 딱 좋은 관점이 바로 이 관점이다. 박정희 시절 유신헌법을 생각해보면 금방 이해할 수 있다.

마지막은 통합론적 헌법관이다. 이 관점은 루돌프 스멘트(R. Smend)가 대표적이다. 국가는 통합되어가는 과정이며, 헌법은 통합 과정에서 수단으로 활용되는 법질서라는 것이 이 관점을 대표하는 주장이다. 규범과 현실의 상호 관련성을 강조한 그럴싸한 관점이다. 이 관점하에서 통치구조는 기본권 실현을 위해 존재한다. 하지만, 통합 과정에서 갈등 요소가 발생할 수 있다는 점을 간과했다는 한계가 있다. 만약 통합을 위해 끊임없이 헌법을 수단으로 활용한다는 명목하에 빈번한 헌법개정이 이루어진다면 헌법은 법적 안정성을 잃어버릴 우려가 있을 것이다.

위에서 헌법이라는 말이 무엇을 의미하는지 생각해 보았다. 그리고 역사적으로 이 헌법을 어떻게 볼 것인가를 두고 세 가지 관점이 있었다는 걸 알았다. 이제 헌법의 특성을 살펴봐야 한다. 헌법의 특성은 역사적 발전 과정에 따라 함께 변화했다. 맨 처음(고유한 의미)에는 통치구조를 기술해놓은 것이었다. 이후 근대 세계로 이행하고 입헌주의적 헌법으로 변화했다. 헌법에 따른 통치, 즉 통치구조에 관한 내용에 기본권 내용까지 추가되기 시작한 것이다. 국민주권, 자유권, 권력 분립, 법치주의, 대의제 등 이 시기에 만들어진 헌법의 특징들이다. 역사는 이제 근대 세계에서 현대로 넘어온다. 앞서 이야기한 '기본권 관련 내용'에 사회적 법치 국가 차원에서 복지 주의적 내용이 필요해졌다. 따라서 현대적 의미의 헌법에서 가장 큰 특징은 복지국가를 지향하는 내용이 포함되어 있다는 점이다. 그리고 복지 국가로 원활한 지향을 위해 행정 국가화 경향을 포함하고 있다. 행정 국가화된다는 얘기는 행정부가 필요에 따라 그때그때 위임입법을 할 수 있다는 얘기다. 그리고 실질적 법치주의를 중시하게 여긴다는 점도 특징이다. 근대사회에서보다 헌법재판소와 법원이 할 일이 많아졌다.

이렇게 역사적 변화에 따라 헌법의 특징을 살펴보는 건, 어떤 시기에 무슨 내용이 헌법에 포함되었는지 살펴보는 정도일 뿐이다. 어떤 내용이 담겼는지를 먼저 살펴본 이유가 있다. 헌법이 이중적 특징을 갖고 있다는 얘기를 하기 위해서다. 헌법은 규범적 특징과 사실적 특징을 동시에 갖고 있다. 규범적으로 헌법을 보면 특징은 다음과 같다. 첫째, 헌법은 최고규범성을 갖는다. 실정법 체계에서 최고법이라는 얘기다. 둘째, 개방성을 갖는다. 헌법은 최고법이기에 상세화되어선 안 된다. 매우 중요하고 꼭 확인해야 할 내용만 담고 있어야 한다는 얘기다. 개방된, 즉 미래의 현실에서 벌어지는 문제를 결정할 절차만 담는 규범이라는 말이다. 셋째, 자기 보장성을 갖고 있다. 헌법은 다른 법을 보장해주는 최고법임을 생각해보자. 그럼 헌법은 누가 보장해주나? 헌법은 자기 스스로를 보장한다. 효력을 보증해주는 외부로부터 작용이 없다는 얘기다. 헌법의 자기 보장성은 간단한 문제가 아니다. 헌법이 지속적으로 보호받기 위해서는 국민이 헌법을 향한 관심을 꾸준히 표해야 하며 헌법 내용의 실현 가능성도 고려되어야 하기 때문이다. 넷째, 생활 규범성을 갖고 있다. 헌법은 종이 위에서 존재하는 글자가 아니다. 국민 생활 속에 녹아들어 일상생활에 근본적 규범으로서 작용한다는 점을 기억해야 한다. 여기까지가 규범으로서 헌법이 갖는 특징을 대강 정리한 것이다. 그럼 다른 측면, 즉 헌법의 사실적 특징을 살펴봐야 한다.

헌법은 사실적 측면을 갖고 있다. 헌법이 사실적이라는 말은 단순히 규범으로서 두루뭉술하게 존재하지 않는다는 말이다. 특징은 세 가지로 다음과 같다. 첫째, 정치성. 헌법은 정치세력의 투쟁과 타협의 소산이다. 따라서 정치 현실이 내포한 '특정 가치체계'를 반영한다. 즉 헌법에는 정치성이 필연적으로 담겨 있으므로 다른 법률과 달리 정치적 판단이 개입할 여지가 존재한다. 둘째, 이념성. 반복해서 말하지만, 헌법은 정치투쟁의 소산이다. 그래서 특정한 정치 주체의 이념과 가치를 내포하게 된다. 이를테면, 근대시민국가에 존재했던 정치 주체들에게 중요한 이념은 '자유'였다. 그대로 근대 헌법에 녹아 들어갔다. 현대 국가의 정치 주체들이 추구하는 이념은 또 다르다. 그래서 현대 헌법은 사회적(복지국가적 경향을 담고 있다는 의미에서) 법치국가의 이념을 품고 있다. 마지막 특징은 역사성이다. 헌법의 내용은 역사 속에서 추가되고, 지워지고 하며 발전해왔다는 걸 앞에서 보았다. 그 말이다. 헌법은 선험적이거나 영원한 것이 아니다. 어느 시대에서나 보편적인 것도 아니다. 역사적 조건과 상황에 발맞추어 함께 형성되는 것이 헌법이다. 이렇게 헌법은 사실로서 특징도 갖고 있고 규범으로서 특징도 가진 이중성이 있다.

2. 9차 개정 헌법(현행 헌법이자 10번째 헌법)의 제정과 주요 변화

탄생 배경을 어디서부터 설명해야 할지 모르겠다. 역사는 선형적이기에 가위로 뚝 자르듯 보면 잘 이해가 되지 않는다. 그렇다고 근현대사를 다 뒤집어 까 놓고 살펴보는 것도 무리가 있다. 엿장수 맘대로, 내 맘대로 '헌법을 9차 개정한 이유가 잘 보이는 지점'부터 설명해보려 한다.

1987년 6월 10일부터 살펴보자. 6·10 민주항쟁으로 널리 알려져서 누구나 이름은 알고 있다. 그러나 왜 민주항쟁이 일어났는지는 잘 모른다. 직접적 발단은 박종철 고문치사와 이한열 사망 사건이 발단되었다. 그리고 4·13 호헌조치로 불리는 1987년 4월 13일 전두환 담화는 불난 집에 기름을 들이부었다. 개헌 요구가 강력해지자 전두환은 88올림픽 하느라 바쁘니까 나중에 다시 얘기하자는 담화를 발표한 것이다. 그렇게 6월 10

일 대대적인 민주항쟁이 일어났고, 노태우는 직선제로 개헌하겠다고 공식 선언을 한다. 이게 바로 6·29 선언이다. 그러니까, 9차 헌법개정은 '직선제'를 향한 열망에서 비롯된 6월 민주항쟁으로 인해 이루어진 것이다.

9차 개정헌법에 관한 논의는 '8인 정치회담'을 통해 이루어졌다. 그동안은 여당이 일방적으로 밀어 붙여온 개헌이었지만, 이번은 달랐다. 여당과 야당이 합의 과정을 거쳐 헌법을 개정한 것이다. 8인 정치회담의 핵심 쟁점은 대통령 임기를 어떻게 할 것인지, 부통령의 존재를 유지할 것인지, 헌법 전문 내용을 어떻게 할 것인지 등이었다. 대통령 임기는 5년으로 정해졌고 부통령은 폐지되었다. 전문에는 임시정부 법통을 계승하고 불의에 항거한 4·19 민주이념을 계승한다는 내용과 함께 조국 민주개혁 사명이 명시되었다. 그렇게 우리나라 열번째 헌법(9차 개정헌법)은 전문과 본문 10장, 130조, 부칙 6조로 구성되었다.

9차 개정헌법에는 어떤 변화가 있었을까. 전문은 위에서 말했듯, 임정의 법통을 계승한다는 내용이 추가되었다. 또, 9차 개정을 불러온 주요 이유인 대통령 직선제가 추가되었고 대통령의 국회해산권이 폐지되었다.

국회에도 변화가 있었다. 독재를 경험했기 때문에, 행정부를 경계할 필요가 있었다. 그래서 국정감사권을 부활시켰다. 대신, 국무총리와 국무위원에 대한 해임의결권이 해임건의권으로 약화되었다. 헌법재판소도 이때 생겼다. 법원에도 변화가 생겼다. 대법관은 대법관회의 동의를 얻어 대법원장이 임명하게 되었다. 재외국민 보호도 의무화되었다. 무엇보다 군인의 독재를 예방하기 위해 국군의 정치적 중립성 준수를 명시하는 조항을 따로 만들었다.

위에서 말한 변화는 통치 구조적 변화다. 당연히 기본권과 관련된 변화도 있었다. 독재정권에서는 심심하면 잡아다 고문했다. 그래서 자유권 강화에 대한 열망이 있었고, 헌법에 반영되었다. '신체의 자유'에 관한 규정들이 대폭 강화되었다. 헌법 제 12조 내용이 전부 해당한다. 적법절차에 의하지 않고는 개인의 자유를 제한할 수 없도록 구속적부심사제를 명시했고, 표현의 자유와 관련된 헌법 제21조 강화되었다. 자유권만 강화된 것이 아니다. 청구권도 강화되었다. 그동안 얼마나 국가에 해달라고 말 하고 싶었던 게 많았을까? 타인의 범죄로 피해받은 국민을 국가가 도울 수 있는 국가구조청구권이 신설된 것이다. 그리고 사회권도 강화되었다. 최저임금제는 이때 생겼다. 대학 자율성을 보장한다는 내용도 생겼다. 또한, 국가가 여성의 권익과 복지를 위해 노력해야 한다는 내용도 명시해놓았고 국민의 주거 생활을 위해 국가가 노력해야 한다는 내용도 새로 집어넣었다.

통치구조의 변화 외에 기본권 내용 변화를 요약하면 대충 이렇다. 9차 개정헌법은 그 내용이 현대 헌법답게 사회적 법치국가의 특징들이 담겨 있다. 국민의 신체적 자유를 대폭 보장할 뿐 아니라 표현의 자유를 지키기 위해 검열제도 금지해놨다. 형사보상청구권도 형사피고인에서 형사피의자로 확대했다. 전체적으로 '민주적'이라 불릴 수 있는 조항들이 신설되거나 강화되었고 현재까지 유지되고 있다.

3. 우리나라 헌법 전문

우리나라 헌법 전문을 보고 '헌법은 다 전문이 있구나'하는 생각을 할 수 있다. 그렇지만 전문이 없는 국가도 있다. 헌법 전문이 성문헌법의 필수 구성요소는 아니기 때문이다. 본문도 아닌 헌법 전문이 규범적 효력이 있을까? 결론부터 말하자면 "있다." 이에 대해서는 헌법재판소의 결정(1989.9.8. 88헌가6), (2005.6.30. 2004헌마859)이 두 번이나 있었다. 1989년 결정에서는 헌법 전문이 헌법 본문의 본질적 기본원리일 뿐 아니라 법령해석의 기준이 되고 입법형성권 한계와 정책 결정의 방향을 제시한다고 명시했다. 2005년 결정에서는 3·1운동과 관련된 부분의 헌법적 효력을 인정한다고 명시했다. 그래도 전문이 법적 효력이 없다고 주장하고, 헌법재판소의 결정이 맘에 들지 않는 사람은 북한으로 가면 된다.

구체적으로 헌법 전문의 규범적 효력 내용을 살펴보자. 첫째로, 헌법 전문에 최고규범성이 있다는 건 두 번 말 할 필요도 없다. 두 번째로, 헌법 전문은 모든 법령에 대한 해석기준과 입법지침이 된다. 셋째로, 재판 규범성이 인정된다. 즉 어떤 법률이 헌법 전문에 위반하는 경우 위헌무효라는 것이다. 넷째로, 헌법 전문은 우리 헌법의 본질을 담고 있기에 개정 금지대상이다. 개정 금지라고 손도 못 댄다는 의미는 아니다. 전문의 동일성을 유지할 수 있다면 내용을 추가할 수 있다. 물론, 동일성을 해치지 않는다면 자구 수정도 된다. 실제로 5차, 7차, 8차, 9차 개정헌법은 전문을 수정했었다. 이렇게 헌법 전문은 엄연히 규범적 효력을 발휘

한다.

　그럼 헌법 전문에 줄줄 쓰여 있는 내용은 뭘 의미하고 있는 것일까? '헌법의 본질', '기본질서'라고 넘겨 짚기엔 뭐가 많다. 잠깐 살펴볼 필요가 있다. 첫째, 대한민국 정통성이 담겨 있다. '3·1운동으로 건립된 임시정부 법통을 계승한다.'라는 문장이 대한민국의 정통성을 의미한다. 둘째, 헌법개정 권력이 명시되어있다. '우리 대한민국은 … 국회의 의결을 거쳐 국민 투표에 따라 개정한다는 내용'이 그렇다. 셋째, 국제평화주의도 담겨 있다. '밖으로는 항구적인 세계평화와'라고 시작하는 문장이 근거다. 넷째, 민주주의 원리를 나타낸다. '4·19 민주이념을 계승하고 … 자유민주적 기본질서를 더욱 확고히 하여'라는 문장이 근거다. 다섯째, 사회국가의 원리도 담고 있다. '경제·사회 … 모든 영역에 있어서 안으로는 국민 생활의 균등한 향상을 기하고'라는 문장이 사회국가의 원리를 의미한다. 여섯째, 문화국가 원리도 포함되어 있다. '유구한 역사와 전통에 빛나는'이라는 문장이 여기 해당한다. 마지막으로 평화통일을 지향한다는 내용이 담겨 있다. '조국의 …평화적 통일의 사명에 입각하여'라는 문장이 평화통일 지향을 뜻한다.

그 밖에도 유념할만한 내용이 있다. 우리 헌법이 정당한 절차에 따라 제정되고 개정되었다는 내용이 들어 있다. 3·1운동은 제정헌법 때부터 들어있는 내용이다. 4·19 민주이념이라는 표현은 5차 개정헌법에 '4·19혁명에 입각하여'라고 있던 걸 8차 개정헌법 때 없애버렸다. 그리고 9차 개정헌법을 만들 때 '4·19 민주이념을 계승하고'로 다시 살려놓은 것이다. 여기까지가 현행 헌법(9차 개정헌법)의 전문에서 살펴볼 수 있는 내용이다.

Ⅲ. 헌법 총강(헌법 제1조 ~ 헌법 제9조)

1. 헌법 '제1장 총강' 총강이라는 단어

헌법 내용을 다루는 어느 책을 펴든지 총강(總綱)을 설명할 때 보면 십중팔구는 '총강은 거느린다는 의미이며~ 강은 벼리라는 걸 의미하는데~ 벼리가 뭐냐면….~'식으로 치매 걸린 노인이 추억 회상하듯 설명한다. '핵심 기둥', '핵심 틀', '헌법의 뼈대' 같은 간단하고 좋은 말 두고 왜 그러는지 모르겠다. 법이 그물처럼 걸리는 걸 표현한 것이다? 그런 심오함을 총강이라는 단어 잠깐 설명하면서 전달할 수 있을까?

사회 탐구 과목으로 헌법을 배웠다면서 총강이 뭔지 모르는 학생이 많은 건 이런 이유다. 총강의 의미와 요지를 기억해야 하는데, 그물이 어떻게 생겼는지를 기억하고 있다. 학생 5명에게 물어봤는데, 5명 다 그물 원리를 설파하고 앉았다. 기억하자. 헌법에서 총강은 말 그대로 헌법의 기둥이 되는 핵심 내용이다. "벼리가 어쩌고~". "낚시하는 그물 모양이 어쩌고~" 그런 얘기는 그만하자. 심지어, 신형 어선에서 쓰는 그물은 HMPE 같은 소재로 만들어져서 어부라도 벼릿줄이 뭔지 모르는 사람이 더 많은 게 현실이다.

'HMPE'라는 단어가 나왔으니, 여기서부터 이야기하는 게 좋겠다. 이 단어는 무지막지 튼튼하고. 적용 범위도 무진장 넓은 폴리에틸렌 소재를 뜻한다. 우리 헌법 총강도 그렇다. 무지막지 튼튼하다. 총강이 무너지면 대한민국은 정체성을 잃는다. 즉 헌법 폐제라는 얘기다. 전문은 우리나라 헌법 방향과 가치, 기본 정신을 담고 있다. 총강에는 우리나라를 구성하는 기본원리가 담겨 있다. 이 원리들의 적용 범위는 주권자 전체다. HMPE도 적용 범위가 넓은 소재지만 이렇게까지 폭넓게 활용되진 못 할 거다. 하여튼, 총강은 제1조부터 제9조까지이며, 각각 대한민국 헌법의 기본원리를 담고 있다.

기본원리라는 말을 일상생활에서 자주 쓰는데, 사실 그렇게 와 닿지 않는다. 풀어서 보자. 원리(原理)는 '근본적 이치'라는 뜻이다. 그럼, 헌법의 기본원리라는 건 헌법의 근본이 되는 이치라는 얘기다. 우리 헌법의 근본이 되는 이치들이 제1조부터 제9조까지 들어있다는 말이다. 헌법을 '집'으로 묘사한다면, 근본이 되는 이치들은 뭐라고 할 수 있을까? 내 생각에는 기둥이 가장 적절하지 않나 싶다. 그래서 총강을 헌법의 기둥이라고 말한 것이다.

대한민국의 현행 헌법. 그러니까, 제9차 개정헌법이자 10번째 헌법. 제1조부터 제9조까지 꼭 알아야 할 기본원리는 8가지다. 사람들의 평균 단기기억용량 5개보다 좀 많긴 한데, 8가지를 합쳐 1개로 만들 수 있으니 걱정하지 말자. "**국문**과 학생이 **평복**을 입고 **권법을 쓰면 자국**이 남는다" 순서는 맘에 드는 대로 바꿔도 좋다. 권법용 평복을 입은 국문과 학생이어도 되고, 자국 남은 평복을 입은 국문과 교수여도 좋다. 어쨌든, 각각 '국민주권의 원리', '문화국가의 원리', '평화적 통일 주의', '복지국가의 원리', '권력분립의 원리', '법치주의', '자유민주주의', '국제적 평화주의' 앞글자다.

2. 헌법의 기본원리 8가지
(1). 헌법 제1조와 재미있을지도 모르는 주권의 역사
헌법 제1조
① 대한민국은 민주공화국이다.
② 대한민국의 주권은 국민에게 있고, 모든 권력은 국민으로부터 나온다.

1항에는 국호와 함께 우리나라 체제가 나와 있다. 우리나라, 즉 대한민국의 정치체제는 민주공화국이다. 이어서 이 나라의 주권(主權), 즉 주인으로서 권리를 누가 갖고 있는가 명시되어있다. 국민이 주인이다. 어떤 공간(우리나라)의 주인이라면 당연히 자기 뜻에 따라 뭔가 할 수 있어야 한다. 즉 권력을 가질 수 있어야 한다는 얘기다. 당연한 얘기지만 우리가 자유롭게 살아갈 수 있는 기본원리가 되는 중요한 문장이다. 주권의 성격은 두 가지다. 대내적으로는 최고성(최고 주권자로서 의사결정권), 대외적으로는 독립성(주권은 다른 나라와 대등하다. 그러니까 갑 놔라 배 놔라 하지 마라)을 갖는다. 마지막으로, 주권과 통치권은 다르다. 주권은 국가 의사에 대한 최고 권력이다. 즉 모든 권력 위에 있는 근원적 권력이다. 반면 통치권은 구체적 국가 목적 수행을 위해 국가권력을 현실적으로 총괄할 수 있는 권리다. 즉 주권이 위임한 권력의 총괄적 지칭이 통치권이란 얘기다. 따라서 통치권은 주권이 있어야 만들어진다.

주권에 대한 재미 없는 얘기를 하자면 보댕(Bodin)과, 홉스(Hobbes), 로크(Locke), 루소(Rousseau) 이야기를 해야 한다. 어차피 관심 없으면 까먹으니까 딱 3

문단만 짧게 하자. 보댕은 주권은 절대적이고 영속적인 권력을 의미한다고 말했다. 근데 하필이면 이 주권이 딱 한 명. 군주에게 있다고 말한다. 왕권신수(王權神授), 즉 주권은 신이 주는 것이기 때문에 절대적이고 영속적인데 하필이면 군주에게만 줬다는 것이다. 사회계약설 1대장, 홉스는 주권이 국민에게 있기는 한데, 주권이 분산되어있으면 주권이 없는 것과 마찬가지기에 세상에 대 환장 파티가 벌어진다고 한다. 생각해보자. 주인 된 권리가 이 사람, 저 사람에게 흩어져 있다? 주권이 분산되어 있으면 너도 주인이고 나도 주인이다. 내가 주인인데 왜 네가 여기에 사느냐며 따지고, 죽여도 된다. 대 환장 파티가 열린다. 이 말을 지적으로 표현하면 '만인의 만인에 대한 투쟁 상태'다. 사람들은 오징어 게임의 오일남 할아버지처럼 생각했다. "제발 그만해, 이러다 다 죽어~!" 싸우다 죽을 순 없으니 주권을 한군데로 모아야 좋겠다는 발상을 떠올린 것이다. 그리고 리바이어던(Leviathan)에게 집중시켰다. 즉 주권을 왕에게 양도했다는 얘기다. 명분은 좋다. 여러 명이 주권의 사슬로 왕권을 제한하고, 사슬을 잡은 한 은 시민들의 정치적 힘이 약해지지 않는다고 보았다. 얼핏 보기엔 그럴싸한 양도계약 같아 보인다. 근데 현대인이 보기엔 좀 미심쩍은 계약이다. 홉스에 따르면 양도받은 사람이 뭣 같아도 어떻게 할 수 없기 때문이다. 한 번 양도한 주권은 무를 수 없다. 뭐든지, 계약에 서명하기 전 무를 수 있는지 잘 살펴보자.

사회계약설 2대장, 로크가 보기엔 1대장이 좀 그렇다. 로크에 따르면 사회랑 통치는 구분되어야 한다. 사회가 먼저 있어야 통치가 이루어질 수 있다. 즉 통치 없이도 사회는 일단 존재할 수 있다는 얘기다. 즉 이미 공통된 사회적 의지로 응집된 시민 집단이 먼저 존재해야 하며, 사회적 의지로 뭉쳐 있는 시민 집단에 부응하여 통치의 부담을 떠맡아줄 통치자는 나중에 존재한다는 것이다. 하여튼, 로크는 홉스랑 다르게 계약 배경이 '사회적 의지' 때문이라고 덜 살벌하게 전제한다는 건 큰 차이지만, 비슷한 내용도 있다. 주권도 시민들이 갖고 있던 게 맞지만, 이걸 통치집단에 또 몰아줬다는 내용이다. 그렇지만 이 내용에는 이런 조건이 붙는다. '만약 통치집단이 뭣 같으면, 통치집단을 교체할 수 있다' 착각하면 안 된다. 프랑스 혁명처럼 다 갈아엎는 원스톱 교체가 아니다. 로크는 법조인 아들이었다. 즉 태어날 때부터 있는 집 자식이었단 얘기다. 그래서 처음부터 전제한 '통치집단'에 평민은 생각하지 않았다. 귀족 집단에서 통치집단이 나오는 것이 전제다. 만약,

시민들의 강력한 요구로 통치자를 바꾸어야 한다면 귀족 집단 중에서 교체가 이루어진다. 이를 저항권이라고 보긴 어렵다.

마지막, 사회계약설 3대장 루소다. 뜬금없는 얘기지만, 귀족 출신 철학자 볼테르(Voltaire)는 평민 출신 루소를 병적으로 싫어했다. 루소를 그렇게 싫어하는데 편지와 글에 루소를 무진장 많이 등장시킨다. 요즘으로 치면 악플러 같은 거였을까? 하여튼 귀족이 보기에 평민 루소 얘기는 본인에게 위협적이었을 것이다. 루소는 주권이 국민에게 있다고 말한다. 심지어 양도도 안 되고, 나눌 수 없다고 말한다. 어디 EBS 수능완성에 나와 있는 '주권의 불가양도성', '주권의 불가분성'은 이 말이다. 이런 질문이 나올 수 있다. "선생님이 주권을 양도해서 사회계약 했다고 했는데요?" 질문이다. 루소의 사회계약 성립이 홉스나 로크와 다르기에 모순되지 않는다. 홉스나 로크는 집단이 계약하는 것이라고 보았지만 루소는 구성원 각자가 계약하는 것이라고 말한다. 즉 구성원 각자는 자연적 상태의 자기 자신을 일반 의지에 따라 전체의 공유물이 될 수 있도록 송두리째 양도한다. 빠짐없이 다 그렇게 한다. 그래서 모든 구성원이 조건에 있어서 평등한 결합, 즉 사회계약을 만들어

낼 수 있는 것이다. 전체의 공유물은 구성원 전체다. 즉 구성원 전체에게 주권을 양도하였기 때문에 구성원 중 특별한 누구에게 주권을 양도했다고 보지 않는다. 구성원 전체는 평등하다. 상상해보자. 결합체를 형성하기 위해 주권을 싹 다 모으되 결국 평등 조건에 따라 N빵한다. 내가 주권을 어디 줘 버려서 나에게 주권이 없는 상태는 결코 아니다. 사회라는 전체 결합체에 자신이 결합 된 것일 뿐, 결합 이전처럼 자기 자신은 자유롭다고 본다. 그래서 주권의 불가양도성, 불가분성은 사회계약과 모순되지 않는다. 아 참, 루소가 말하는 저항권은 수틀리면 진짜 싹 다 엎는 그 저항권 맞다.

(2). 헌법 제2조, 국민에 관한 이야기

헌법 제2조

① 대한민국의 국민이 되는 요건은 법률로 정한다.

② 국가는 법률이 정하는 바에 의하여 재외국민을 보호할 의무를 진다.

국민은 nation이다. 국민(nation)이 사는 국가는 '근대국가'를 의미한다. 근대국가 외 다른 국가는 국민이라고 하지 않는다. 말 나온 김에 국민을 인민, 민족과 구별해보자. 국민은 법적 개념이다. 인민은 사회에 사는 구성원을 뜻하는 사회적 개념이다. 민족은 자연적, 문화적 개념이다. 헌법에 나오는 건 법적 개념으로서 국민이다. 조금 자세히 말하면 국민이라는 건 국가의 통치권에 복종할 의무를 진 '전체집합'이자 국가에 소속된 '개별 자연인'을 뜻한다. 대한민국의 국민이 된다는 건 그렇게 하겠다는 뜻이다. 1항 내용을 보면 국민이 되는 요건을 법률로 정해 놓았다고 한다. 그 법이 '국적법'이다.

이런 얘기를 좀 있어 보이는 말로 '국적법정주의'라고 한다. 내내 국적은 법률로 정한다는 얘기다. 우리는 단일국적주의와 속인주의를 채택하고 있다. 따라서 이중국적자는 우리나라로 귀화하든지 말든지 해야만 한다. 속인주의는 엄마나 아빠 중 하나가 대한민국 국적자면 그 자식도 국적 준다는 얘기다. 반대로 속지주의도 있다. 영토에서 태어나기만 하면 국적을 준다. 미국이 그렇다. 속지주의 때문에 어떤 사람들은 공중에서 출산하기도 한다. 자기 자식 미국 시민권 주기 위해 미국에서 태어나게 하려고 아득바득 비행기를 탔다가 중간에 기내에서 낳게 되는 것이다. 어쨌든 미국 영공에 들어가서 낳으면 목적 달성이다.

2항은 재외국민에 대한 얘기다. 재외동포는 외국 국적을 가진 한민족을 말한다는데, 정부 수립 이전 사람들을 진정 동포라고 볼 수 있는 건지 나는 모르겠다. 1900년대 초반부터면, 이미 세대가 3번은 바뀌었다. 재외동포는 좀 이상하다. 착각하지 말자, 이들은 재외국민이 아니다. 헌법재판소 판결(헌재 2001.11.29. 99헌마494)이다. 정부 수립 이전 동포를 국적 부여 대상에서 제외하면 안 된다며 헌법불합치판결을 내놓았다. 북한 이탈 주민이 가까울까 재외동포가 가까울까? 난 모르겠다. 아 참, 북한 주민들의 경우는 헌법 제2조 1항에 해당한다. 그들은 오기만 하면 대한민국 국적 준다. 북한 사람들, 재외국민 그런 거 아니다. 일단 오면 북한이탈주민법에 근거해서 대한민국 국민이 되는 코스를 착착 밟는다.

국민이라면 다음과 같은 네 가지가 지위가 생긴다. 첫째, 주권자로서 국민. 둘째, 최고국가기관으로서 국민. 셋째, 기본권 주체로서 국민. 넷째, 의무 주체로서 국민. 첫째는 당연한 얘기다. 국민 개인이 갖는 못생기고 잘생기고, 남자고 여자고 그런 것 따지지 않고 '전체적 통일체'로서 국민은 국가권력의 원천이 되는 주권을 갖고 된다는 얘기다. 둘째는 주권을 써먹는 것에 관한 얘기다. 국민이 주권자라는 말은 관념에만 존재하는 게 아니다. 지극히 현실적인 말이다. 즉 현실적인 국가권력 담당자로서 구체적 국가의 결정을 내린다. 다만, 대부분 대표자를 선출해 위임해놓을 뿐이다. 내 주권을 위임해놓을 대표자를 대통령, 국회의원으로 뽑는다. 여기까지는 알고 있지만, 헌법개정안도 최종적으로 국민투표로 결정해야 한다는 건 모르는 사람이 많다. 국민은 주권자, 즉 헌법제정권자이면서 동시에 헌법개정권자다. 첫 번째 지위, 즉 주권자로서 국민은 전체 국민이라면 두 번째 지위는 실제 힘을 쓰는 지위다. 그래서 전체 국민 중 능동적 시민만 해당한다. 대단한 의미는 아니다. 투표할 수 있는 연령(정확히는 결격 사유 없이 일정 연령 이상) 넘겨야 최고국가기관으로서 국민집단에 속할 수 있다는 얘기다.

셋째는 기본권 주체로서 국민이다. 헌법 제10조에는 모든 국민이 인간으로서 존엄과 가치를 가진다고 명시되어있으며, 이어지는 내용에서는 국가는 이 내용을 확인하고 보장할 의무를 진다는 말이 덧붙여져 있다. 기본권 주체로서 국민이라는 건 바로 이 의미에서 국민이다. 최고국가기관으로서 국민은 '능동적 시민'만 해당하지만, 기본권 주체로서 국민은 전체 국민이다. 다만, 참정권이 기본권 중 하나인 건 맞지만 예외라는 걸 기억하자. 마지막 네 번째는 의무 주체로서 국민이다. 국민은 국가의 최고의사결정 권력을 갖지만, 한편으로는 통치권의 대상이기도 하다. 즉 피치자라는 얘기다. 피치자라면 모름지기 통치자를 위해 꼭 해야만 하는 의무가 있다. 통치자는 국민이라는 점에서, 결국 공동체를 위한 의무라는 얘기다. 납세, 국방, 교육, 근로, 환경보전이 대한민국 국민의 의무다. 혹시 싫어서 말하는데, 교육은 가르칠 권리가 아니라 '받을 수 있는' 권리를 말한다. 의외로 환경보전이 의무인 걸 모르는 사람들이 많다. 어차피 쓰레기 투기할 거 알지만, 기왕이면 쓰레기봉투라도 산 다음 넣어서 투기해라. 쓰레기봉툿값에 환경보전 의무에 쓰이는 세금이 포함되어 있다.

(3). 헌법 제3조, 국민이 살 수 있는 영역

헌법 제3조

대한민국의 영토는 한반도와 그 부속 도서로 한다.

헌법에 영토 규정이 있는 국가는 의외로 흔치 않다. 만약, 영토가 넓어지거나 축소되면 어쩔 것인가? 그 자체로 위헌이 되는 상황이 펼쳐질 수 있으므로 영토조항을 명시하지는 않는다. 반면 우리 대한민국은 모종의 이유로 영토조항을 넣어놨다. 우선, 영토라는 건 '국가가 배타적 지배권을 행사할 수 있는 장소적 한계로써 공간'을 의미한다. 우리나라 지배권은 주권으로부터 나온다는 걸 생각하면 영토란 주권이 미치는 영역을 뜻한다. 이 영토에 존재하는 모든 인과물을 지배할 수 있는 국가권력을 어려운 말로 '영토고권(領土高權)'이라고 한다. 근데, 영토는 土니까 땅이다. 하늘과 물은 어떻게 할 것인가? 영토라고 쓰여 있긴 하지만 엄밀히 말하면 영토, 즉 territory는 영역이기도 하다. 영역에는 영공, 영해, 영토 다 포함된다. '그럼 왜 헌법에서는 영역이라고 안 하고 영토라고 하는 건가요?' 그러려니 하자. 나도 모른다. 하여튼. 영토조항을 헌법에 명시한 이유는 북한 때문이다. 즉 분단국가라는 대한민국의 특수성 때문이라는 말이다. 북한 때문에 우리 정부가 한반도의 유일한 합법 정부라는 걸 강조할 필요가 있다. 또한, 영토 자체를 한정해놓았기 때문에 다른 나라를 침략해서 확장하는 일이 없을 거라는 걸 암시하는 효과도 있다. 혹시, 우리가 밀어붙여서 북한을 '침략'해 통일하는 경우는 어떻게 하냐고 물어볼 수 있다. 북한은 미수복지역이다. 따라서 북한 땅을 되찾아 올 때 침략한다고 하지 않고 '수복'한다고 한다. 헌법재판소(1990. 4. 2. 선고 89헌가113 전원재판부)와 대법원(대

법원 1992. 8. 14. 선고 92도1211 판결)도 북한을 국
가로 보지 않고 있다.

(4). 헌법 제4조, 통일에 관한 이야기
헌법 제4조

대한민국은 통일을 지향하며, 자유민주적 기본질서에
입각한 평화적 통일정책을 수립하고 이를 추진한다.

평화적 통일 주의를 명시한 내용이다. 이런 내용은
다른 국가의 헌법엔 없다. 우리나라처럼 통일이 필요한
국가에만 있다. 독일도 동독과 서독이 통일되기 전에는
통일 조항이 있었지만, 지금은 없다. 헌법 제4조는 있
는 그대로 내용이다. 통일하고 싶은데, 자유민주적 기
본질서에 근거해서 하겠다. 이 문장은 북한 질서, 즉
유일 정당 체제나 독재 체제에 따라 통일하지는 않겠
단 얘기를 하는 것이다. 평화적 통일정책을 수립해서
추진한다는 얘기는 무력으로 북한을 수복하지 않겠단
뜻이다. 이것은 뒤에 나오는 헌법 제5조의 국제적 평화
주의와 잘 합치되는 내용이다.

헌법 제5조와 잘 합치된다면, 혹시 잘 충돌하는 조
항도 있을까? 있다. 헌법 제3조와 완전히 모순된다. 헌

법 제3조에서는 북한은 반국가단체이며, 그 땅은 우리가 수복해야 할 영토다. 통일은 동등한 대상끼리 하는 행위다. 반국가단체와 국가는 어떻게 봐도 동등하지 않다. 둘 중 뭘 하나 지워야 할까? 헌법 제3조는 1948년 제헌헌법부터 유지된 내용이고, 헌법 제4조는 1987년, 즉 9차 개정헌법 때 만들어진 내용이다. 지금 상황에서 보자면 처음과 끝이 대립하는 모양새다. 한쪽에서는 북한은 반국가단체라고 하는데 또 한쪽에서는 평화통일을 위해 노력해야 하는 대상이란다. 그래서 헌법학자들이 다음과 같이 융통성을 발휘했다.

"헌법 제3조는 대한제국 대한민국임시정부 대한민국으로 이어지는 국가의 법통 또는 정통성의 전제위에서 대한민국의 영토도 그러한 역사적 기반 위에서 형성 존립하여 온 것을 규범적으로 선언한 조항으로서, 대한민국의 영토를 법률상으로 회복하여야 할 통일에의 책무를 대한민국에 대하여 부과하고 있는 목적론적 규정으로 해석하는 것이 타당하다고 생각된다. 이에 따라, 헌법 제4조는 헌법 제3조가 대한민국에 대하여 부과하고 있는 주권적 능력의 실현의무, 즉 통일에의 책무를 이행하기 위한 기본적인 방식과 수단을 규정한 실천적이고 현실적인 규정으로 보아야 할 것이므로 현행 헌법의 통일적인 체제상 헌법 제3조와 헌법 제4조는 상호 모순되지 아니하고 조화롭게 규정되어 있다고 보인다. (이상훈. 2009, 헌법상 북한의 법적 지위에 관한 연구)"2009년 법제처 서기관이었던 이상훈에 따르면 그렇다고 한다. 지목하는 대상 자체를 적과 아군으로 완전히 규정해놓았는데, 이게 가슴에 손을 얹고 말했을 때 모순이 아니라고 할 수 있는지 나는 잘 모르겠다.

(5). 헌법 제5조, 국제적 평화주의와 국군의 정치적 중립성

헌법 제5조

① 대한민국은 국제평화의 유지에 노력하고 침략적 전쟁을 부인한다.

② 국군은 국가의 안전보장과 국토방위의 신성한 의무를 수행함을 사명으로 하며, 그 정치적 중립성은 준수된다.

전문에서도 국제적 평화주의에 관한 내용이 나온다. "밖으로는 항구적인 세계평화와 인류공영에 이바지함으로써"라는 대목이 국제적 평화를 지향한다는 대목이다. 그리고 여기, 헌법 제5조 1항에 명확히 국제평화에 관한 내용을 명시했다. 국제사회를 존중한다겠다는 걸 표명한 만큼 이어지는 제6조에서는 국제법 관련 내용이 나온다. 국제적 평화를 위해 대한민국이 침략적 전쟁을 하지 않겠다가 아니라, 부인(否認)한다고 못 박는다. 그렇다고 우리나라가 옆 나라처럼 전쟁을 못 하는 건 아니다. 방어를 위한 전쟁, 국제평화 유지를 위한 전쟁(해외 국군 파견)은 필요하면 한다. 침략적 전쟁이 아니기 때문이다.

그런데, 침략적 전쟁을 일으킨 나라에 동맹군으로 파견가는 경우는 어떻게 봐야 할까? 이런 경우가 이라크 전쟁에 군대를 파견한 경우다. 미국은 이라크에 선전포고했고, 전쟁을 개시했다. 우리나라도 여기 군대를 보냈다. 우리나라가 미국의 침략을 거들었으니, 우리도 침략에 일조한 것 아닌가? 위헌 맞다. 그래서 이 내용을 헌법재판소가 다루었다(2004. 4. 29. 선고 2003헌마814 전원재판부). 헌법재판소는 뭐라고 했을까? 자세한 내용은 아래 결정 요지(내용 일부 발췌)를 보자.

"이 사건 파견 결정이 헌법에 위반되는지의 여부 즉 국가안보에 보탬이 됨으로써 궁극적으로는 국민과 국익에 이로운 것이 될 것인지 아닌지 및 이른바 이라크 전쟁이 국제규범에 어긋나는 침략전쟁인지 아닌지 등에 관한 판단은 대의기관인 대통령과 국회의 몫이고, 성질상 한정된 자료만을 가지고 있는 우리 재판소가 판단하는 것은 바람직하지 않다고 할 것이며, 우리 재판소의 판단이 대통령과 국회의 그것보다 더 옳다거나 정확하다고 단정 짓기 어려움은 물론 재판 결과에 대하여 국민의 신뢰를 확보하기도 어렵다고 하지 않을 수 없다."

"이 사건 파병 결정은 대통령이 파병의 정당성뿐만 아니라 북한 핵 사태의 원만한 해결을 위한 동맹국과의 관계, 우리나라의 안보문제, 국내외 정치 관계 등 국익과 관련한 여러 가지 사정을 고려하여 파병부대의 성격과 규모, 파병 기간을 국가안전보장회의의 자문을 거쳐 결정한 것으로, 그 후 국무회의 심의·의결을 거쳐 국회의 동의를 얻음으로써 헌법과 법률에 따른 절차적 정당성을 확보했음을 알 수 있다. 그렇다면 이 사건 파견 결정은 그 성격상 국방 및 외교에 관련된 고도의 정치적 결단을 필요로 하는 문제로서, 헌법과 법률이 정한 절차를 지켜 이루어진 것임이 명백하므로, 대통령과 국회의 판단은 존중되어야 하고 헌법재판소가 사법적 기준만으로 이를 심판하는 것은 자제되어야 한다. 이에 대하여는 설혹 사법적 심사의 회피로 자의적 결정이 방치될 수도 있다는 우려가 있을 수 있으나 그러한 대통령과 국회의 판단은 궁극적으로는 선거를 통해 국민에 의한 평가와 심판을 받게 될 것이다."

헌법재판소는 그런 고도의 정치적인 일은 판단할 수 없다는 게 핵심 내용이다. 그리고 이 덕분에 '통치행위'라는 말이 주목받았다. 통치행위라는 건 국가통치의 기본에 관한 고도의 정치성을 띤 국가 행위로, 사법부에 의한 법률적 판단의 대상으로 하기에는 부적당하다 하여 사법심사권의 적용 범위에서 제외되는 행위를 말한다. 통치면 통치, 행위면 행위지, 심지어 두 개를 합쳤더니 전혀 다른 의미가 나온다. 신비롭기 그지없다.

이어서 제5조 2항을 보자. 국군의 의무는 두 개다. 국가의 안전보장, 국토방위다. 국토방위는 상식적이지만, 국가의 안전보장과 다른 게 있을까? 모종의 이유에 근거해 국가의 안전을 보장하겠다고 계엄령을 선포하면 군인들이 통제한다. 1960년 5월 18일 광주를 생각해보자. 그것도 명분은 국가의 안전보장을 이유로 그렇게 된 거다. 하여튼, 그 덕에 뒤에 반점(,) 찍고 한마디가 더 보태졌다. '정치적 중립성은 준수된다.' 주어는 맨 앞의 '국군'이다. 국군은 준수된다는 말은 어법상 맞지 않는다. 국군이 정치적 중립성을 유지해야 맞는 것인데, 외부가 잘 해줘야 겨우겨우 지킬 수 있다는 모양새다. 9차 개헌에 참여했던 군부 인사들의 마지막 자존심이었을까? 하여튼 역사의 발 도장이 곳곳에 남아 있는 우리 헌법이다.

국군은 대한민국 군인을 의미한다. 그래서 주한미군은 이 헌법과 상관없다. 국군의 정치적 중립성은 중요하다. 1961년 5월 16일, 그러니까 5·16 군사 정변, 1979년 12월 12일, 즉 12·12 군사 반란. 둘 다 똑같이 군인이 들어가서 정치 권력을 잡은 사건이다. 그런데 하나는 정변이고 하나는 반란이다. 이것도 생각해 볼 가치가 있다. 하여튼, 이 사건 때문에 우리나라 국민은 군인이 정치 권력 잡는다면 경기를 일으키게 되었다. 그래서 군인은 원칙적으로 정치에 개입하거나 정치적 활동이 금지되었다. 직속 상관의 명령이라도 그 내용이 정치적이라면 복종할 의무가 없다. 이것만으로는 부족하다. 그래서 하나 더 나온 게 문민 통치체제의 원칙이다. 군부에 대해서는 언제나 민간이 우위라는 얘기다. 군부 짱이 누굴까? 국방부 장관이다. 장관은 민간인이다. 그래서 군복 입는 것 자체가 위헌이다. 이 장관의 명령권자인 대통령도 민간인이다. 이중으로 군부에 대한 문민통치가 이루어진다. 그리고 당연한 얘기처럼 들릴지라도, 정치 행위로 해결할 문제를 군사 행위로 해결해선 안 된다. 사법의 정치화, 언론의 정치화 같은 건 사회 문제일 뿐이지만, 군부의 정치화는 질적으로 다른 문제다. 불시에 물리적으로 누군가 사망할 수 있기 때문이다.

냉정히 우리나라 상황을 생각해보자. 이게 가당키나 한가? 휴전일지라도 엄연히 전쟁 중이다. 적 본진이 바로 위에 있는데 아무렇지 않게 우리는 잘 산다. 심지어 미사일 쏘든 말든 없는 듯 산다. 이건 우리나라 군인들이 버티고 있기 때문이다. 말도 안 되는 상황인데도 이런 평화를 만들어 내는 모든 군인은 언제나 영웅이다. 비록 아재가 되고 노병이 될지라도 영웅은 영웅으로 남을 때 가장 빛난다.

(6). 헌법 제6조, 국제법 존중에 관한 이야기

헌법 제6조

① 헌법에 의하여 체결, 공포된 조약과 일반적으로 승인된 국제법규는 국내법과 같은 효력을 가진다.

② 외국인은 국제법과 조약이 정하는 바에 의하여 그 지위가 보장된다.

1항에 국제법이 국내법과 같은 효력을 갖는 이유는 실제로 승인 절차를 보면, 국내 입법절차와 다르지 않기 때문이다. 일반적으로 승인된 국제법규는 국제관습법을 의미한다. 뭐, 민족 자결의 원칙이나 전쟁 포로에 대한 원칙 등이 그렇다. 조약이랑은 다르다. 조약은 우리나라가 당사자지만 국제관습법은 당사자가 아님에도 그 내용의 규범력을 인정하는 것이기 때문이다. 조약은 우리 국회의 동의를 얻어 국내법처럼 인정된다. 만약 국회가 동의하지 않는 때도 있을까? 당연히 있다. 그럴 때 조약의 효력은 법률이 아니라 시행령이다. 특히 중요한 조약은 국회 동의가 필요하다. 근데, 행정부 입장에서 국회 동의를 받고 싶어 할까? 그럴 리 없다. 그래서 행정부는 동의가 필요 없는 사안이라고 하고, 국회는 어림없으니 안건으로 갖고 오라고 싸운다.

국내법과 같은 효력을 지닌 조약이나 국제관습법이 '진짜 국내법'과 충돌하면 어떻게 할까? 교과서 같은 답이지만 법규 간 상호 효력을 정하는 원칙에 따라 해결하면 된다. 그게 뭐냐, '신법 우선의 원칙'과 '특별법 우선의 원칙'이다. 옛날 법보다는 새로 만든 법이 우선이고 일반법보다는 특별법이 우선한다는 얘기다. 이제

2항, 외국인에 관한 내용을 보자. 이건 유진오가 작성한 헌법 초안에는 없던 내용이다. 제헌헌법 때 추가되었고 9차 개정헌법 때 지금의 문장이 되었다. 상호주의 원칙에 따라 포함된 내용이다. 즉, 상대국이 우리 국민을 보호해주니까 우리도 보호해주는 게 당연하다는 얘기다.

(7). 헌법 제7조, 공무원에 대해 생각해보자

헌법 제7조

① 공무원은 국민 전체에 대한 봉사자이며, 국민에 대하여 책임을 진다.

② 공무원의 신분과 정치적 중립성은 법률이 정하는 바에 의하여 보장된다.

공무원은 국민이 선출하거나 임용되어 공법상 근무 관계를 맞고 공공적 업무를 담당하고 있는 사람을 말한다. 우리나라는 직업공무원제도를 채택하고 있다. 공무원 시스템에는 Spoil System과 Merit System이 있다. 전자는 엽관주의 혹은 전리품 시스템이고 후자는 재능 시스템이다. 엽관주의는 정권 잡은 사람이 정치적 지지자에 대한 보답 차원에서 공무원으로 임용하는 걸 의미한다. 재능 시스템이 바로 우리나라 같은 직업공무원제도라고 볼 수 있다. 하고 싶으면 네 능력으로 하라는 말이다. 직업 공무원제를 하면 정권이 바뀌어도 공무원들은 영향받지 않는다. 그런데 진짜일까? 하는 일이 똑같다고 영향을 안 받았다고 볼 수 있을까? 정권 바뀔 때마다 식당에서 소주잔 들고 개처럼 발발거리는 공무원을 나는 여럿 봤다.

대부분의 공무원은 국민에 대해 봉사자로서 엄청 열심히 일한다. 언제, 어디서나 일부가 문제고, 문제라서 눈에 잘 보일 뿐이다. 공무원은 공무원법에 따라 정치적 중립을 지켜야 한다. 근데 여기서도 국군에 관한 조항과 마찬가지로 문장이 이상하다. 공무원이 정치적 중립성을 보장(保障)해야지 보장된다니, 두 번이라 별로 놀랍지도 않다. 그러려니 하자. 배경이 궁금하면 어딘가의 법학과 교수한테 메일을 보내보자. 어쨌든, 정치적 중립 때문에 선거에 영향을 미쳐서도 안 되고 정당에 가입해서도 안 된다. 그런데 정치인이랑 밥 먹고 신나게 술 마셔도 될까? 당연히 안 된다. 그렇지만 만약 식당에서 우연히 양복 입고 배지 달고 있는 사람을 보게 되었다면, 그 사람 맞은편에 앉아서 굽신거리는 상대가 누구일지 관찰해볼 필요는 있을 것 같다.

아 참, 공무원의 정치적 중립성은 공무원으로서 직무 수행 과정에서 요구되는 것이다. 그 외의 영역에서까지 뭐라고 할 순 없다. 친구와 술 마시며 정치 이야기하는 교사를 헌법을 무시하는 반동분자라고 잡아넣을 순 없지 않은가? 그리고 공무원은 법적 책임은 지지만 정치적 책임을 지지는 않는다. 당연히 우리는 엽관제가 아니기 때문이다. 그렇다고 '모든 공무원'이 정치적 책임이 없다는 건 아니다. 직업공무원에게만 해당하는 얘기다. 정치적 공무원, 즉 정무직이라는 사람들이 있다. 장관이나 차관 같은 경우다. 여기는 책임져야 한다. 그래서 심심하면 뉴스에 장관들이 나와 "책임을 통감하며 사퇴를 표명…." 같은 얘기 하는 것이다. 욕을 바가지로 먹더라도 일단 장관 되기만 하면 연금 나온다. 나도 일주일만 하고 싶다. 일주일은 해봐야 구내식당 반찬이 뭐 나오는지 다 볼 수 있을 테니까.

(8). 헌법 제8조, 정당에 관한 이야기는 나중에 자세히

① 정당의 설립은 자유이며, 복수정당제는 보장된다.
② 정당은 그 목적, 조직과 활동이 민주적이어야 하며, 국민의 정치적 의사형성에 참여하는데 필요한 조직을 가져야 한다.

③ 정당은 법률이 정하는 바에 의하여 국가의 보호를 받으며, 국가는 법률이 정하는 바에 의하여 정당운영에 필요한 자금을 보조할 수 있다.

④ 정당의 목적이나 활동이 민주적 기본질서에 위배될 때에는 정부는 헌법재판소에 그 해산을 제소할 수 있고, 정당은 헌법재판소의 심판에 의하여 해산된다.

제헌헌법에는 정당에 관한 얘기가 없다. 제3차 헌법개정 때 정당에 관한 조항이 새로 생겼다. 복수정당제 조항은 우리 헌법의 8개 기본원리 중 하나인 자유민주주의 원리의 근간이 되는 내용이다. 정당의 정의는 정치학적 의미와 정당법상 의미가 다르다. 정치학에서는 단순하다. 권력을 목적으로 모인 단체가 정당이다. 근데 정당법으로 보면 좀 길다. 정당법 제2조를 보자. "'정당'이라 함은 국민의 이익을 위하여 책임 있는 정치적 주장이나 정책을 추진하고 공직선거의 후보자를 추천 또는 지지함으로써 국민의 정치적 의사 형성에 참여함을 목적으로 하는 국민의 자발적 조직을 말한다."라고 쓰여 있다. 확실한 건 어떤 점으로 봐도 정당은 단순 이익단체가 아니라는 점이다.

만약 정당이 한낱 이익단체라면? 삶이 피곤해진다.

공권력 행사가 어디로 이루어질지 그 방향을 잡는 건 실질적으로 정당이기 때문이다. 정당을 모른 체하고 행정부를 돌릴 수 있는 대통령은 없다. 그래서 정당은 정치학적으로 보아도, 권력을 획득했다면 국민 전체의 이익을 고려해야 한다. 우리 삶에서 가장 많이 접하는 건 주민센터에 있는 공무원이 아니다. 정당을 가장 많이 접한다. 네이버 뉴스, 텔레비전, 유튜브 어딜 틀어도 '장전동 주민센터 주무관 김 모 씨의 이야기' 같은 건 없다. 정당인들 이야기만 나온다. 그만큼 정당은 우리에게 중요한 의미가 있다. 단순히 국가 원리라서 그런 것이 아니다. 진짜로 삶에서 영향을 체감할 수 있기에 중요하다. 그래서 함부로 손댈 수 없도록 할 필요가 있다. 헌법 제8조도 헌법개정금지조항이다.

정당은 목적과 활동이 민주적이어야 한다. 이 말은 당내 민주주의를 지켜야 한다는 말이다. 당내 민주주의란, 포괄적 의미다. 내부 조직까지 민주적이어야 한다고 규정한다. 이것은 정당 내부에서 형성되는 의사가 민주적 기본원칙에 합치하여야 한다는 헌법적 요청이 있었기 때문이다. 따라서 정당 내 과두제, 즉 일부 유력 정치인 중심으로 돌아가는 것도 안 된다. 근데 실상은 4선이니 5선이니, 정계의 원로이니 뭐니 하면서 누구보다 과두제를 옹호하고 있지 않나 싶다. 당내 민주주의뿐만 아니라 정당 기능을 하기 위해 일정 조직도 필요하다. 등록만 하면 정당을 만들 수 있다는 간단함과 달리 필요한 조직은 생각보다 만만치 않다. 중앙당을 포함해 최소 5개의 시, 도당이 있어야 하곡 각각의 당에는 1,000명 이상의 당원이 있어야 한다. 심지어 특정 지역에 편중되어서도 안 된다. 그러니까 최소한 전국에 5,000명은 있어야 정당이 된다는 얘기다. 이 내용은 정당법 제17조와 제18조에 나와 있다.

그럼, 국가는 행정부다. 그리고 정당은 입법기관인 국회의원이 속해있다. 경계하라고 삼권분립 해 놓았더니, 행정부가 정당에 돈을 주는 게 괜찮은 일일까? 의의는 이렇다. 1980년 제8차 개헌 때 처음 돈을 주기로 했다. 나쁜 목적은 아녔다. 적절히 돈을 줘야 엉뚱한 로비를 안 받고, 작은 정당들도 보호할 수 있다는 취지였다. 그러나 좀 애매하다. 정치자금법은 확실히 정해져 있지만, 국고보조금은 제한이 사실상 없다고 봐야 한다. 국고보조금에는 공공요금, 인건비, 선거비, 정책개발비 등이 포함되어 있다. 사실상 전부 아닌가 싶다. 그래서 비판도 있다. 정당도 결국 단체인데, 돈을 주는 게 어딨느냐?. 결사의 자유는 무너졌냐. 헌법으로까지

이 내용을 규정할 필요가 있었냐. 하는 식의 비판이다. 이 부분에 대해서는 아직 연구되고 있다고 한다. 조금 더 기다려보자.

2014년 겨울에 정당 하나가 해체됐다(2014. 12. 19. 선고 2013헌다1 전원재판부). 통진당이다. 그럼 의문이 떠오를 수 있다. 정당이 강제 해산되면, 그 정당 소속 국회의원은 어떻게 되나? 결론부터 얘기하면 상실된다. 헌재는 다음과 같이 이유를 밝힌다. "헌법재판소의 해산 결정으로 정당이 해산되는 경우에 그 정당 소속 국회의원이 의원직을 상실하는지에 대하여 명문의 규정은 없으나, 정당해산심판 제도의 본질은 민주적 기본질서에 어긋나는 정당을 정치적 의사 형성과정에서 배제함으로써 국민을 보호하는 데에 있는데 해산정당 소속 국회의원의 의원직을 상실시키지 않는 경우 정당 해산 결정의 실효성을 확보할 수 없게 되므로, 이러한 정당 해산제도의 취지 등에 비추어 볼 때 헌법재판소의 정당 해산 결정이 있는 경우 그 정당 소속 국회의원의 의원직은 당선 방식을 불문하고 모두 상실되어야 한다."

정당 해산과 해산한 당의 의원직 상실은 의외로 중

요하다. 이 절차가 이루어지지 않으면 독일처럼 나치당이 등장해도 손쓸 방법이 없게 되기 때문이다. 가끔, 민주주의 국가에서 민주주의의 상징인 정당을 해산시키는 게 말이나 되느냐고 소리치는 무서운 홍익인간 아저씨들이 있다. 언제부터 정당이 민주주의고 민주주의가 정당이었나? 정당에 대한 국민의 경계와 심판이 오히려 민주주의에 더 적합하다. 아, 그렇다고 대들지는 말자. 소주병으로 맞으면 생각했던 것보다 생활이 불편해진다.

(9). 헌법 제9조. 총강의 마지막, 문화에 관한 이야기.

헌법 제9조

국가는 전통문화의 계승, 발전과 민족문화의 창달에 노력하여야 한다.

대한민국 헌법의 8번째 근간 이치이자 마지막 기둥은 민족문화의 원리를 명시한 조항이다. 제8차 개정헌법, 그러니까 전두환 정권 때 도입됐다. 독재정권은 언제나 피치자들이 보기에 유려한 내용을 정권 앞에 걸어둔다. 문 앞에 '독재자의 집'이라고 쓰면 누가 살고 싶어 할까. '문화를 소중히 여기는 집'이라고 써야 지

나가다 봐도 흡족한 법이다. 하여튼. 제8차 개정 땐 8
조에 있다가 제9차 개정 때 9조로 왔다.

　개념부터 살펴보자. 문화는 인간의 정신적 혹은 육체
적 활동의 성과가 일정한 시간 경과에 따라 유·무형으
로 축적된 상태를 말한다. 전통문화는 한 국가에 발생
해서 전해 내려오는 사상이나 관습, 양식 등 고유문화
를 말한다. 민족문화는 일정한 지역에서 오랜 기간 언
어, 풍습, 종교 같은 문화 내용을 공유하며 정신적, 창
조적 활동을 통해 형성된 문화를 말한다. 단어 3개 뜻
을 썼는데 더럽게 길다. 요지는 이거다. 헌법에 따르면
국가가 우리나라 고유문화와 우리 민족의 특성을 잘
드러내는 문화를 창달하는 데 노력해야 한다는 얘기다.
그래서 문화국가를 지향한다는 문화국가의 원리라고
하는 것이다.

　헌법재판소는 이를 위해서 양심, 사상, 종교, 언론,
출판, 학문, 예술과 같은 정신적 자유를 보장해줘야 한
다고 말한다. 양심부터 예술까지. 다 헌법에 있는 내용
이다. 그런데, 전통문화라면 모두 다 보존하고 창달하
려고 노력해야 할까? 헌법재판소에 따르면 아니다. 요
즘엔 관심도 없지만, 호주제와 동성동본끼리 결혼하지

못하는 제도가 없어진 건 비교적 최근의 일이다. 법률을 없앴으니까 당연히 헌법재판소가 한 일이다. 동성동본과 호주제에 대한 헌재의 결정(헌법재판소 2005. 2. 3. 선고 2001헌가9,10,11,12,13,14,15,2004헌가5(병합) 전원재판부)은 다음과 같다. "헌법은 국가사회의 최고규범이므로 가족제도가 비록 역사적·사회적 산물이라는 특성이 있다 하더라도 헌법의 우위에서 벗어날 수 없으며, 가족법이 헌법 이념의 실현에 장애를 초래하고, 헌법 규범과 현실과의 괴리를 고착시키는 데 일조하고 있다면 그러한 가족법은 수정되어야 한다." 오죽 역사적인 일이면 동네 사람들 쉽게 찾아서 다 보라고 몇 개의 판례를 보기 좋게 묶어놨을까. 하여튼, 전통문화라고 해도 그것이 헌법이 타파해야 할 대상이자 사회적 폐습이라면 예외 없이 갈려 나간다.

근데, 생각해보자. 전통문화와 민족문화만 중요하고 대중문화, 그 밖의 하위문화는 찬밥일까? 국가는 다른 문화를 창달하려고 노력하지 않고 있는 것일까? 아니다. 육성과 관련한 법률이 마련되어있고, 누구 관점에서 지원인지는 잘 모르겠지만, 어쨌든 개별 정책으로 지원하고 있다. 새로운 문화들은 끊임없이 정책적으로 보호받고 장려받을 것이다. 하지만 전통문화와 민족문화는 작정하고 지켜주지 않으면 씨가 마른다. 혹시 친구 중에 태평소 전공겠다고, 꽹과리 장인 하겠다고, 판소리 명인 되겠다고 적극적으로 나서는 친구가 있는지 보자. 있으면 강력히 응원해주자. 전통문화 창달에 이바지하는 친구니까.

Ⅳ. 헌법 (헌법 제10조 ~ 헌법 제13조)

'기본권'과 '인권사상'은 인류 역사와 그 시작을 같이한다. 뭐가 먼저니 하는 게 지금 답하기 어렵다는 게 그 증거다. 역사를 돌이켜보면 인간의 자유와 권리는 국가권력에 의해 위협되었고 유린당하여왔다. 인류는 인권을 보장받기 위해서 국가권력을 상대로 끊임없이 투쟁할 수밖에 없던 건 당연할지도 모른다.

헌법 제10조에서는 이렇게 말한다. "모든 국민은 인간으로서의 존엄과 가치를 가지며 행복을 추구할 권리를 가진다."라고 규정한다. 인간의 존엄성과 가치 및 행복을 규정하고 있는 것이다.

그렇다면, 인간의 존엄과 가치는 인간의 인격성을 말하는 걸까? 그렇다. 인간의 인격성은 존엄과 가치의 근거이며 내용이 된다. 국가는 모든 국민을 인간으로서의 존엄이 침해되지 않도록 대우해야 한다. 존엄의 실현은 국가의 존재 목적으로 인간을 단순한 객체로 취급하는 것은 인간의 존엄성을 침해한 것이 된다.

(1) 헌법 제10조

모든 국민은 인간으로서의 존엄과 가치를 가지며, 행복을 추구할 권리를 가진다. 국가는 개인이 가지는 불가침의 기본적 인권을 확인하고 이를 보장할 의무를 진다.

헌법 제10조는 헌법이 인간 존엄 실현을 최고 목표로 하는 '가치 질서를 채택'하고 있음을 말해주고 있다. 인간의 존엄과 가치는 우리 헌법의 최고 가치로서 헌법을 지배하는 객관적 헌법원리이며 명백한 국가의 목표가 되고 모든 국가 활동에 대한 가치판단의 기준이 되며 헌법을 포함한 모든 법령해석기준이 됨과 동시에 법령의 오류가 있는 경우에는 법의 보완 원리가 된다.

헌법 제10조가 보장하는 인간의 존엄권이란 인간이 인간으로 누려야 할 인간의 기본적 인격인 '존엄'을 누릴 수 있는 권리를 말한다. 인간은 다른 어떤 것으로도 대체할 수 없는 절대적 가치를 지기 때문이다. 따라서 모든 국민은 존엄, 즉 목적으로 대우 받아 마땅하다. 국민을 객체나 수단으로 보는 것은 허용되지 않는다. 이를 인간 도구화 금지라 한다. 모든 국민은 존엄권의 주체가 되며 존엄을 의식하는지, 실제로 존엄을 유지할 수 있는 능력이 있는지는 불문한다. 만약 물으면, 일부 장애인은 어쩔 것인가. 그래서 불문한다.

그러나 사자, 즉 죽은 사람은 인격성이 없으므로 존엄권의 주체가 될 수 없고 죽은 사람에 대한 명예는 일반적 인격권에 의하여 보호될 수 있다. 인격 발현의 불가결한 최소한의 요건이 침해되거나 생존의 최소한의 요건이 침해되었다면 존엄권 침해에 해당한다고 말할 수 있다. 요즘은 없지만, 고문, 잔혹한 형벌, 노예제도, 강제혼인 등이 이에 해당한다.

존엄은 헌법의 최고의 가치이며 존엄 그 자체를 내용으로 하기에 다른 기본권과 달리 법률로 제한할 수 없다. 최고의 가치를 그 내용으로 하는 존엄에 대한 제한이 가능하다면 헌법에 대한 '자기부정'이 되기 때문이다.

(2) 헌법 제11조

①모든 국민은 법 앞에 평등하다. 누구든지 성별·종교 또는 사회적 신분에 의하여 정치적·경제적·사회적·문화적 생활의 모든 영역에 있어서 차별을 받지

아니한다.

　②사회적 특수계급의 제도는 인정되지 아니하며, 어떠한 형태로도 이를 창설할 수 없다.

　③훈장등의 영전은 이를 받은 자에게만 효력이 있고, 어떠한 특권도 이에 따르지 아니한다.

　헌법 제11조다. 제1항에서는 "모든 국민은 법 앞에 평등하다. 누구든지 성별, 종교 또는 사회적 신분에 의하여 정치적, 경제적, 사회적, 문화적 생활의 모든 영역에 있어서 차별을 받지 아니한다."라고 규정하여 평등원칙과 평등권을 보장하고 있다. 한편, 2항에서는 사회적 특수계급제도의 금지를, 제3항은 영전 일대의 원칙을 규정하고 있다.

　옛날이야기부터 해보자. 인류는 빈부귀천의 차별 없이 평등을 추구했다. 그리고 그걸 유토피아라고 여겨왔다. 이렇게 보면 평등은 인권이나 기본권보다 더 오래된 '정의의 원리'에 기초를 두고 있다고 볼 수 있다.

　모든 인간이 평등하다는 인식이 정착하게 된 데에는 의외로 기독교의 영향이 크다. 기독교 사상은 '신 앞에 평등'을 주장함으로써 근대 합리주의에 기초한 자연법사상에 영향을 주었기 때문이다. 이러한 평등사상은 훗날 '법 앞에 평등'으로 발전되어 평등권의 근대 입헌주의 헌법에는 빠짐없이 등장하게 되었다.

중세시대, 평등이 '신 앞에 평등'이었다면 근대시대에는 '국가권력에 대한 평등'이다. 모든 사람은 동등한 자격으로 국가권력 구성에 참여할 수 있다는 데 중점이 주어졌다. 이러한 정치적 영역에서의 평등 실현은 19세기 산업사회 이후 빈부격차와 노사 갈등이 문제되며 현대사회는 경제, 사회 영역에서 실질적 평등 실현에 중점을 두게 되었다.

자, 평등의 내용을 구체적으로 살펴보자. 첫째, 성별에 의한 차별금지이다. 성별에 의한 차별금지라는 말은 '남과 여에 대한 가치판단'으로 인한 차별금지를 말한다. 다만, 성별에 의한 차별금지는 모든 경우에 남녀를 같게 대우하라는 것이 아니다. 사물의 본성에 따라 정당화될 수 있는 경우에는 차별이 허용된다. 따라서 남녀의 생물학적 차이에 의한 차별(임신, 출산, 모성보호)이나 합리적 차별까지 금지하는 것은 아니다. 헌법재판소는 강간죄의 객체를 여성으로 한정한 것이나 남자에게만 병역의 의무를 지우는 것을 합리적 차별이라고 하였다.

둘째, 간접 차별이다. 법규범이 특정 집단의 차별을 의도하지 않았지만, 사실상의 차이로 인해 특별 집단에 결과적으로 불평등한 차별을 초래하는 경우를 말한다. 이를테면, 공무원 임용에 174cm의 키를 요구하거나 100m를 15s 안에 달릴 수 있는 사람을 채용 조건으로 한 경우, 신체 구조의 특성상, 전자는 '여성'이 이를 충족하는 것은 2022년 현재 쉽지 않고, 후자는 '장애인'이 충족하는 것이 불가하기에 여성과 장애인의 공무원 임용 자격을 제한하게 된다. 평등은 직접차별은 물론, 간접 차별에 해당하지 않아야 한다.

셋째, 양성평등의 실현. 양성평등의 실현이라는 말은 한쪽 성이 받은 기존의 불이익을 제거하기 위하여 적극적으로 남녀동권을 관철하는 것을 말한다. 헌법 제34조 3항은 국가에 여성 권익을 향상할 의무를 부과하고 있는데, 이는 여성에 대한 과거 및 현재의 법적, 사실적 불이익을 제거하라는 의무규정이다. 여성의 권익을 향상한다 해도 그것이 남성에 대한 역차별이 되어서는 안 된다.

여성 할당제는 양성평등 실현의 한 수단이다. 여성

할당제란, 자격이나 능력을 고려하지 않고 여성이라는 이유로 공직 임용이나 승진에 여성을 우대하는 것을 말한다. 그러나 일정한 목표를 정하고 무조건으로 여성을 우대하는 것은 허용될 수 없다. 이러한 여성 할당제는 능력주의에 위반되며, 보다 능력 있고 적합한 남성을 배제할 수 있으므로 남성에 대한 불합리한 차별이 된다. 다만 여성의 수적 열세가 인정되는 일정 영역에서, 남녀가 동등한 자격과 능력을 보이는 경우 남성에게 피해를 주지 않는 조건으로 우대하는 것은 허용될 수 있다. 이를테면, 정원 외 임용이나 동점자 처리에서 국가유공자를 우대한 것처럼. 그렇게 하는 것이다.

넷째, 지역 할당제와 제대군인 가산점제. 최소한의 자격이나 실력과 무관한 지역의 인구수만을 가지고 국가시험의 합격자를 정하는 '지역인재 할당제'는 위헌이다. 실질적 평등 조치를 통한 사회적 약자에 대한 보호가 합리적 구제를 넘는 과잉보호가 평등권 침해에 해당하기 때문이다.

제대군인 가산점제는 고용역영역에서 제대군인에 대한 일정한 점수를 더 주는 것으로, 여성 근로의 차별금지를 명하고 있는 헌법 제 32조 제4항에 위반된다. 또,

헌법 제39조 제2항은 "누구든지 병역의무 이행으로 인하여 불이익한 처우를 받지 않는다"라고 규정하고 있는데, 이는 병역의무이행자에게 불이익을 주지 말라고 했을 뿐, 국방의무의 이행에 대한 보상이나 특혜 같은 적극적 우대 조치를 명한 것으로 볼 수 없다.

그러나 병역의무 기간에 대한 경력인정, 연금산정, 응시 나이 제한의 완화 등은 당연히 허용되어야 한다. 만일 병역의무 기간을 고려하지 않는 경력산정이나 연금산정, 병역의무 기간을 반영하지 않은 공무원 응시 나이 제한은 위헌이 된다.

다섯째, 종교 및 사회적 신분에 의한 차별금지이다. 일단, 상식적으로 종교에 의한 차별이 금지된다. 우리나라의 경우 종교 때문에 차별 대우를 받는 경우가 외국보다 심각하지는 않다. 자기 의사와 무관하게 강제로 입학이 배정된 사립 중고등학교에서의 종교교육의 강제는 위헌이며, 대법원도 이러한 강제를 위헌으로 보았다.

헌법은 사회적 신분에 의한 차별을 금지하고 있는데, 사회적 신분은 출생으로 얻어지는 지위를 말하지 않고,

장기간 점하고 있는 지위를 말한다. 따라서 귀화인이란 이유로, 공무원 또는 학생이란 이유로, 농민이나 상인이란 이유로 차별받아서는 안 된다. 한편, 헌법재판소는 존속상해치사죄를 통상의 상해치사죄보다 엄벌하는 것은 차별 취급에 합리적 이유가 있어 평등 원칙에 위반되지 않는 것이다.

아, 앞서 헌법 제 11조 제3항에서 영전 일대의 원칙이라고 말했다. 이 말이 뭐냐면, 훈장 등의 영전은 이를 받은 자에게만 효력이 있고 어떠한 특권도 허용하지 아니한다고 규정하고 있다. 영전 일대의 원칙은 영전의 세습이나 영전의 특권화를 배제함으로써 특권 계층의 발생을 예방하고 있다. 영전을 받은 자에게 세금 감면이나 처벌 면제 등의 특권을 부여할 수 없다. 다만, 훈장에 수반되는 연금이나 유족에 대한 보훈까지 금하지는 않는다. 주의 바란다.

(3) 헌법 제12조

①모든 국민은 신체의 자유를 가진다. 누구든지 법률에 따르지 아니하고는 체포·구속·압수·수색 또는 심문을 받지 아니하며, 법률과 적법한 절차에 의하지 아니하고는 처벌·보안처분 또는 강제노역을 받지 아

니한다.

②모든 국민은 고문을 받지 아니하며, 형사상 자기에게 불리한 진술을 강요당하지 아니한다.

③체포·구속·압수 또는 수색을 할 때는 적법한 절차에 따라 검사의 신청에 의하여 법관이 발부한 영장을 제시하여야 한다. 다만, 현행범인인 경우와 장기 3년 이상의 형에 해당하는 죄를 범하고 도피 또는 증거인멸의 염려가 있을 때는 사후에 영장을 청구할 수 있다.

④누구든지 체포 또는 구속을 당한 때에는 즉시 변호인의 조력을 받을 권리를 가진다. 다만, 형사피고인이 스스로 변호인을 구할 수 없을 때는 법률이 정하는 바에 의하여 국가가 변호인을 붙인다.

⑤누구든지 체포 또는 구속의 이유와 변호인의 조력을 받을 권리가 있음을 고지받지 아니하고는 체포 또는 구속을 당하지 아니한다. 체포 또는 구속을 당한 자의 가족등 법률이 정하는 자에게는 그 이유와 일시·장소가 지체없이 통지되어야 한다.

⑥누구든지 체포 또는 구속을 당한 때에는 적부의 심사를 법원에 청구할 권리를 가진다.

⑦피고인의 자백이 고문·폭행·협박·구속의 부당한 장기화 또는 기망 기타의 방법에 의하여 자의로 진

술된 것이 아니라고 인정될 때 또는 정식재판에 있어서 피고인의 자백이 그에게 불리한 유일한 증거일 때에는 이를 유죄의 증거로 삼거나 이를 이유로 처벌할 수 없다.

1) 신체의 완전성을 보호한다.

헌법 제12조 제1항은 "모든 국민은 신체의 자유를 가진다."라고 하여 신체의 자유를 보장하고 있다. 신체의 자유를 완벽히 보호하기 위해 제2항부터 제7항까지 신체의 자유를 보장하는 각종 내용을 규정해두고 있다.

신체의 자유는 신체의 완전성을 보호한다는 의미이다. 역사를 돌이켜보면 인간 신체는 온갖 만행의 대상이 되어왔다. 강제로 거세한다거나, 인간을 대상으로 위험한 실험을 한다거나, 특정인을 강제로 불임시킨다거나 하는 것들이 그것이다. 이런 행동들은 신체의 완전성을 훼손하는 중대한 일들이다. 이런 신체의 완전성은 '인간'이라면 모두에게 지켜져야 한다. 헌법재판소는 금치처분을 받은 수형자에 대한 절대적 운동의 금지는 수형자의 신체적 건강뿐 아니라 정신적 건강을 해칠 위험성이 현저히 높아 신체의 안전성이 훼손당하지 아니할 자유의 침해라고 했던 적이 있다. 아이러니하게 들리겠지만, 신체를 훼손당하지 않을 권리도 법률에 따라 제한될 수 있기는 하다. 법률로 제한되는 특별한 경우에도 본질적 내용을 침해할 수는 없다.

2) 신체활동의 임의성을 보호한다.

신체의 자유는 개인의 생존과 모든 기본권 향유의 전제조건이다. 이게 보장되지 않은 상태에서 다른 기본권을 백날 보장해봐야 아무짝에 쓸모가 없다. 보장받을 몸뚱이가 훼손되었는데, 다른 것들이 무슨 소용일까. 앞서 신체의 완전성을 이야기했다. 이번에는 신체활동의 임의성에 대해 말하고자 한다. 신체활동의 임의성이란 자율적 신체활동의 자유를 그 내용으로 한다. 따라서, 물리적 힘의 행사로부터 신체활동의 임의성을 보호해야 한다. 실제로, 헌법재판소는 검사조사실에서 피의자 신문을 받을 때 포승으로 팔과 상반신을 묶고 양손에 쇠고랑을 채운 상태에서 조사를 받도록 한 행동은 신체의 자유를 침해하는 위헌의 공권력 행사라고 한 적이 있다.

3) 죄형법정주의.

죄형법정주의란 범죄의 구성요건과 형벌의 양과 종

류를 미리 법률로 확정함으로써, 무엇이 처벌될 행위인지 예측할 수 있도록 국민의 법적 안정성을 보호하고 국민의 자유와 권리를 국가권력의 자의적 행사로부터 보호한다는 의미다. 조금 더 구체적으로 말하자면, 죄형법정주의의 내용으로는 '형벌 소급의 금지', '유추해석 금지', '절대적 부정기형 금지', '관습 형법 금지'가 있다.

4) 적법절차의 원리

헌법 제12조 제3항에서는 "체포, 구속, 압수, 수색할 때에는 적법한 절차에 따라 검사의 신청에 따라 법관이 발부한 영장을 제시하여야 한다."라고 하여 적법절차의 원리를 명시하고 있다. 모든 국가의 힘은 정당한 법률과 정당한 절차에 따라야 한다는 게 적법절차의 원리다. 공권력의 자의적 행사를 방지하고 인권을 실질적으로 보호하는 것이 취지이다. 이것은 우리 헌법이 적법절차의 원리를 실체적 진실발견보다 앞서 생각하겠다는 의지의 표현이기도 하다. 적법절차는 단순히 처벌, 보안처분, 강제노역 및 영장 발부에만 그치는 것이 아니라 생명, 자유, 재산 등 모든 기본권의 불이익이 되는 일체의 내용에 적용된다.

한편, 영장주의라는 말도 있다. 영장에는 체포영장, 구속영장, 압수수색 영장이 있다. 영장에는 체포 및 구속의 대상, 압수의 목적물 또는 수색의 장소 등이 구체적으로 명시되어야 한다. 따라서 이 영장들을 제외하고, 이른바 '일반영장'이라는 걸 들이밀 수는 없다. 영장은 검사가 청구하고 법관이 발부한다. 청구권자를 검사로 국한한 것은 사법경찰의 영장 신청을 금지함으로써 인권에 대한 부당한 침해를 방지하기 위함이다. 영장 집행은 비례성 원칙에 부합하게 이루어져야 한다. 혐의사실과 관련된 부분만 뒤집어 까야 한다는 것이다. 가령, 어떤 컴퓨터에 파일이 있다고 했을 때, 혐의와 관련된 파일만 대상이 된다. 싹 다 공개하거나 수사할 순 없다. 그러니, 여러분 컴퓨터의 직박구리 폴더는 안심하고 그냥 두자.

5) 체포, 구속 이유를 고지받을 권리

헌법 제12조 제4항과 제5항을 함께 보자. 어떤 사람이든지 구속되거나 체포될 경우 변호인의 조력을 받을 권리가 있다. 또한, 체포될 때는 가족 등 법률이 정하는 자에게 이유와 일시, 장소가 곧장 통지되어야 한다. 이는 미국에서 성립된 원칙, 즉 흔히 말하는 미란다 원칙이다.

6) 인신보호청구

헌법 제12조 제6항에서는 체포, 구속적부심사를 규정하고 있다. 이것은 체포당하는 사람, 구속당하는 사람이 청구한 체포, 구속의 적부를 법원이 심사하는 것을 말한다. 체포, 구속적부심사는 영장 발부에 대한 재심사 기회를 줌으로써 인신보호에 온 힘을 다하기 위함이다. 헌법은 사전예방책으로 영장제도를, 사후구제책으로 체포, 구속적부심사를 두고 있다.

구속적부심사는 체포와 구속이 형사사법권에 의한 것이든 행정권에 의한 것이든, 누구든지 법원에 체포, 구속의 적법 심사를 요청할 수 있다. 그러나 우리나라 사법 현실에서는 형사 절차에 한정해서만 구속적부심사를 이해했었다. 그러는 사이 행정기관이나 사인(개인)에 의하여 수많은 불법 인신구속이 자행되었고 이에 대한 적절한 구제 방법이 없어 인신보호를 받지 못하는 사람들이 있었다. 이를 바로잡기 위해 2008년 인신보호법이 제정되었고, 이 법은 바로 헌법 제12조 제6항에 근거하고 있다.

7) 자백의 증거능력

헌법 제12조 제7항은 "피고인의 자백이 고문, 폭행, 협박, 구속의 부당한 장기화 또는 기망의 기타 방법에 따라 자의로 진술된 것이 아니라고 인정될 때 또는 정식재판에 있어서 피고인의 자백이 그에게 불리한 유일한 증거일 때에는 이를 유죄의 증거로 삼거나 이를 이유로 처벌할 수 없다"라고 규정하여 자백의 증거능력과 증명력을 제한하고 있다.

자백이란, 자기의 범죄사실을 시인하는 것을 말한다. 만약, 국가가 자백은 증거의 왕이라고 보아 강압적 수단(고문 등)을 통해 자백을 받아내려 한다면 헌법이 보장하는 신체의 자유는 똥이 되어버린다. 따라서 이 조항은 부당, 위법한 자백의 증거능력을 배제하고 증명력을 제한함으로써 자백 강요를 통한 인신 침해를 방지하려는 취지가 있다.

형사 절차에서 증거로 쓰이기 위해서는 증거가 될 수 있는 자격이 있어야 한다. 이를 '증거능력'이라고 하는데 임의성 없는 증거의 증거능력은 부정된다. 또한, 증거능력이 있는 증거라 하여도 증거가 범죄를 증명할 수 있는 자격, 즉 증명력이 있어야 한다. 그래서 신빙성 없는 증거는 증명력이 없다고 본다. 고문으로 자백을 받아낼 경우, 임의성 없는 자백이다. 그럼 자백의 증거능력이 배제되어 증거로 활용될 수 없다.

(3) 헌법 제 13조

①모든 국민은 행위 시의 법률에 의하여 범죄를 구성하지 아니하는 행위로 소추되지 아니하며, 동일한 범죄에 대하여 거듭 처벌받지 아니한다.

②모든 국민은 소급입법에 의하여 참정권의 제한을 받거나 재산권을 박탈당하지 아니한다.

③모든 국민은 자기의 행위가 아닌 친족의 행위로 인하여 불이익한 처우를 받지 아니한다.

헌법 제13조 제1항에서는 이중처벌금지를 규정하고 있다. 이중처벌금지는 국민의 신체의 자유를 보장하기 위해 판결이 확정되어 처벌된 때, 같은 사유로 다시 처벌할 수 없다는 것으로 형소법에서 일사부재리 원칙으로 구현되고 있다. 제3항에서는 연좌제를 금지하고 있다. 연좌제는 자기 행위가 아닌 타인의 행위 때문에 책임을 지는 것으로, 근대 형법의 기본원리인 자기 책임의 원리에 위반되는 것이기 때문이다.

1. 기본권 제한의 일반원칙

기본권을 제한하는 일반원칙은 몇 가지가 있다. 첫째, 법률 우위 원칙이다. 입법부의 일반의사인 형식적 법률이 집행 등 다른 국가 의사에 우선한다는 원칙이다. 같은 규율 사항에 관해서 형식적 법률과 그 외의 국가작용이 어긋날 때 법률이 아닌 그 외 국가작용은 위법이자 위헌이 된다. 법률이 위임한 사항을 의회 이외의 국가기관이 입법하는 경우, 규율 대상과 목적의 범위를 정해서 해야한다.

둘째, 법률유보원칙이다. 국가작용은 법률에 근거를 두고 있어야 하며 국민의 기본권 실현에 관련된 영역에서는 입법자 스스로 그 본질적 사항에 관하여 결정해야 한다는 원칙을 의미한다. 이는 기본권 실현과 관련된 영역에서는 국민의 대표자인 입법자가 그 본질적 사항에 대해서 스스로 결정하여야 한다는 요구까지 내포하고 있다고 볼 수 있다.

셋째, 앞서 이야기한 적법절차의 원칙이다. 절차가 법률로 정해져야 할 뿐 아니라 적용되는 법률의 내용에서도 합리성과 정당성을 갖춘 적정한 것이어야 한다는 원칙이다. 적용 범위는 형소법에만 국한되지 않고 모든 국가작용에 대해 문제가 되는 법률의 실체적 내용이 합리성과 정당성을 갖추고 있는지를 판단하는 기준으로 적용된다. 즉 법치주의라는 근본이념에서 비롯된 복합적 원칙인 것이다.

넷째, 포괄 위임입법 금지원칙이다. 의회가 행정권에 입법권을 위임할 때 이미 대통령령 등으로 규정될 내용 및 범위의 기본사항이 법률에 구체적으로 규정되어 있어 누구라도 당해 법률로부터 대통령령에 규정될 내용의 대강을 예측할 수 있어야 하고, 그렇지 않은 일반적이고 포괄적인 내용의 입법은 금지되어야 한다는 원칙이다. 만약 일반적이고 포괄적이면 동네방네 다 걸릴테니, 이 점을 생각해보자.

다섯째, 명확성의 원칙이다. 법령은 법규범의 내용을 다른 내용으로 혼동하지 않고 합리적 방법에 따라 알 수 있도록 입법되어야 한다는 원칙이다. 법률은 명확한 용어로 규정함으로써 적용대상자에게 그 규제 내용을 미리 알 수 있도록 공정한 고지를 하여 장래의 행동지침을 제공하여야 한다.

여섯째, 소급입법 금지원칙이다. 과거에 완성된 사실

관계 또는 법률관계를 규율 대상으로 하여 국민에게 불리하게 사후에 그 전과 다른 법적 효과를 생기게 하는 입법은 허용되지 않는다는 원칙이다. 다만, 새로운 법이 피적용자에게 유리한 경우에는 시혜적 소급입법이 가능하다.

마지막, 신뢰 보호 원칙이다. 국민이 종전의 법률관계나 제도가 장래에도 지속될 것이라는 합리적 신뢰를 바탕으로 이에 적응하여 일정한 법적 지위를 형성한 경우, 국가는 법적 안정성을 위해 권리와 의무에 관련된 법률을 다룰 때 국민의 기대와 신뢰를 최대한 보호해야 한다는 원칙이다. 다만, 신뢰 보호 원칙은 공익적 목적에 의하여 제한될 수 있다.

그런데도 기본권이 침해당하는 경우가 있다. 구제 방안으로, 헌법소원심판을 신청하면 된다. 국가의 입법 의무를 저버리고 입법 조처하지 않는 경우 헌법소원심판을 청구할 수 있다. 혹은 청원이나, 특정 법률이 헌법에 위배된다고 생각되면 위헌법률심판을 신청할 수도 있다. 아, 국가인권위원회. 이 위원회는 독립적인 기관이다. 인권 보호와 향상을 위해 존재하는 곳이니 기억해두자. 또한, 국민권익위원회도 있다. 동네 형님이 여기서 일한다. 여기는 인권위와 다르다. 불합리한 행정제도를 개선하고 부패 발생을 예방하며 부패 행위를 효율적으로 규제하게 하려고 존재한다. 특정 공기관이랑 갈등이 생기면 인권위가 아니라 권익위를 찾도록 하자. 답답하지만 친절하기는 하다.

V. 기본권론(헌법 제 14조 ～ 헌법 제25조)

자유권적 기본권은 크게 네 가지가 있다. 첫째, 인신의 자유권. 이 건 앞서 생명권과 헌법 제 12조(신체의 자유)에서 살펴보았다. 둘째, 사생활 자유권. 구체적으로 다음과 같은 5개의 권리가 포함된다. 사생활의 비밀과 자유(제17조), 개인정보 자기 결정권, 주거의 자유(제16조), 거주·이전의 자유(제14조), 통신의 자유(제18조). 아, 개인정보자기결정권은 명문 규정은 없지만 제10조와 제17조에 의해 보장되는 권리이다. 다음으로는 셋째, 정신적 자유권. 구체적으로는 양심의 자유(제19조), 종교의 자유(제20조), 언론·출판의 자유(제21조), 집회·결사의 자유(제21조), 학문과 예술의 자유(제22조)가 있겠다. 내용을 보면 어림짐작할 수 있겠지만 모두 '내 뜻과 의지(정신)'에 관련된 내용이다. 마지막, 넷째는 경제적 자유권이다. 구체적으로는 직업선택의 자유(제15조), 재산권(제23조)이 있다. 이 내용을 살펴보고 정치적 기본권인 제24조와 제25조를 다루어보도록 하자.

(1). 헌법 제14조
모든 국민은 거주·이전의 자유를 가진다.

중세시대에는 다른 지역이나 나라로 이주가 허용되지 않았다. 18세기에 이루어진 농민해방은 다수 주민에 대한 영지의 법적, 경제적 속박을 해체함으로써 거주·이전의 자유를 보장하는 획기적인 전환점이 되었다. 그러니까, 우리가 자유롭게 이사 다니고 할 수 있게 된 건 유구한 역사에 비추어 볼 때 얼마 되지 않은 거다.

헌법에서 말하는 거주·이전의 자유라는 건 자기가 원하는 곳에 주소나 거소를 설정하고 체류하며 이전할 자유를 말하는 것이다. 당연히 자기 의사에 반하여 주거지를 옮기지 않을 자유를 포함한다. 여기서 '거주'라는 건 일정한 장소를 생활 중심지로 삼으려는 의사를 갖고 정착하는 걸 말한다. '체류'라는 말은 일정한 장소에 잠정적으로 머무는 걸 말한다. 역사적으로 거주·이전의 자유는 종교의 자유를 얻으려는 출국의 자유 보장이 주된 관심사였으나 자본주의 경제가 발전함에 따라서 경제적 자유로 확장되었다.

한 가지 구체적 예를 통해 조금 더 자세히 알아보자. 거주·이전의 자유는 대한민국 영토 안에서 자유롭게 주소를 설정하고 이전할 수 있는 자유를 말한다. 대한민국 주권은 북한지역에 미치긴 하지만 군사분계선 이남, 즉 38선 남쪽에만 실질적 효력이 있으므로 국내 거주·이전의 자유는 북한지역으로 이전을 허용할 수 없다. 북한으로 잠입하거나 탈출할 때는 '국가보안법' 위반이다.

소극적 자유인 거주·이전의 자유도 한계가 있다. 국가안전보장, 공공복리, 질서유지를 위해 법률로써 제한받을 수 있다. 이를테면 이런 것이다. 국가안전보장을 위해 북한으로 여행을 제한하거나 군사시설에 출입을 제한, 공공복리를 위한 감염병예방법. 마약쟁이들의 강제수용. 코로나와 같은 전염병 환자의 강제격리 등이 그렇다. 한편, 질서유지를 위해서는 경찰이 비행 청소년을 대상으로 보호조치나 주거를 제한할 수 있다. 이거 걸리면 저녁에 담당 경찰관에게 걸려오는 전화를 꼭 집에서 받아야 한다.

(2). 헌법 제15조
모든 국민은 직업선택의 자유를 가진다.

다시 옛날 이야기 좀 해보자. 엄격한 신분제로 묶여 있던 봉건시대에 직업의 자유는 없었다. 할아버지 직업이 아빠 직업이고, 아빠 직업이 곧 내 직업이었기 때문이다. 근대 시민사회가 시작되고 나서야 직업의 자유가확립되었다. 직업이 확보되지 않고 기본적 생활이 가능할까? 자아실현 또한 불가능할 것이다. 따라서 직업의자유는 경제적 생활영역에서 개인의 인격 발현을 목적으로 하며 자유주의적 경제 사회질서의 기본요소가 되는 기본권으로 바이마르 헌법에서 최초 명문화되었다.조금 뜬금없는 이야기지만, 바이마르 헌법은 독일어로Weimar다. Baimar라고 생각하는 친구들이 있지만. 독일어로 W는 'ㅂ'발음이다(덧붙여 Erich의 경우에 ch는'에리치'가 아니라, '에리히'다). 그니까, 바이마르 헌법은 아는데 Weimar 헌법은 처음 본다는 얘기는 이제하지 말자.

직업의 자유를 조금 더 자세히 이야기해 보자. 직업의 자유라는 건 직업을 자유롭게 선택하고 선택한 직업에 종사하는 자유를 말한다. 직업이란 생활의 기본적수요를 충족시키기 위한 계속적 소득 활동을 말한다.헌법이 보호하는 직업은 생활수단의 성격을 지니고 일정 기간 계속되어야 한다. 직업으로 인정되기 위해서는어느 정도 '지속성'이 요구된다. 괜히 직장을 6개월, 1년씩 채우는 게 아니다. 헌법재판소에서는 '일시적, 일회적이거나 무상으로 가르치는 행위는 행복추구권의 한 내용이지 직업의 자유로 보기 어렵다'라고 판시하기도 하였다. 아 참, 대학생이 방학 기간을 이용해서 등록금 벌기 위해 '학원 강사'로 일하는 건 어느 정도 계속성을 가진 소득 활동으로 보아 직업이라고 할 수 있다.

직업의 자유는 두 가지, 즉 '직업 결정의 자유'와 '직업수행의 자유'로 구성된다. 우선, 직업 결정의 자유는 본인이 원하는 직업을 선택해 시작하고, 계속하거나 포기할 자유를 말한다. 헌법에서 근로의무는 모든 국민에게 노동을 강제적으로 부담시키는 것이 아니기에 직업 없이 사는 무직업의 자유와 모순되지 않는다. 두 번째로 직업수행의 자유. 본인이 결정한 직업에 종사할 자유를 말한다. 직업수행의 자유는 직업의 시작, 계속, 끝을 자유로이 정할 수 있고 수행의 형태나 장소, 수단을 자유로이 결정할 수 있음을 말한다.

이제 어떤 경우에 제한을 받는지 알아보자. 반복적으로 말해서 지긋지긋하겠지만, 국가안전보장, 공공복리, 질서유지를 위해서 필요한 경우에 법률로 제한받는다. 하지만 이 점을 기억해야 한다. 직업선택의 자유를 법률로 제한하더라도 직업선택의 자유의 본질적 내용은 침해될 수 없다. 세금의 부과가 일정한 직업의 존립에 중대한 영향을 미치는 경우, 이를테면 인삼에 대한 과세가 너무 높은 나머지 이익을 기대할 수 없어 인삼 소매인이라는 직업이 사실상 없어지게 될 정도라면 직업에 대한 본질적 침해가 된다.

(3). 헌법 제16조

모든 국민은 주거의 자유를 침해받지 아니한다. 주거에 대한 압수나 수색을 할 때에는 검사의 신청에 의하여 법관이 발부한 영장을 제시하여야 한다.

개인의 사적인 생활공간이 보호되지 않는다면 어떻게 될까? 인격의 자유로운 발현이나 사생활의 실현도 불가능해진다. 다시 옛날로 거슬러 올라가 보자. 개인의 사적 공간에 대한 불가침 요구는 고대 로마까지 올라가야 한다. 로마법에서 '주거불가침'이 있었고, 이것이 이어져 영국의 '주거 존중' 사상까지. 상당히 오래된 내용이다. 주거의 자유가 인간의 존엄과 결부된 개인의 자유권으로서 오늘날에 거의 모든 헌법이 이를 보장하고 있다.

주거의 자유라는 건 개인의 기본적 생활공간을 보장하고 그 공간에서 안식할 수 있는 권리를 말한다. 사람은 누구나 편안하게 쉴 수 있는 자신만의 생활공간을 갖길 소망한다. 근데 우리나라는 참 갖기 어렵다. 사적 공간, 즉 집이 너무 비싸다. 어쩌면 평생 '진짜' 자신만의 생활공간을 갖기는 어려울지도 모르겠다. 나도 걱정이다. 하여튼. 주거의 자유는 자기 생활공간에 타인이 임의로 출입하는 걸 금한다. 왜냐하면, 생활공간에 대한 보호가 먼저 이루어지지 않고는 뒤에 이어지는 '사생활'이 보호될 수 없기 때문이다. 심지어 생활공간이 보호되지 않으면 존엄과 행복 추구도 어려워진다. 여기서 헌법 제17조와 선이 그어진다. 조금 뒤 말하겠지만 헌법 제17조는 사생활 그 자체를 보호하는 것이다. 그리고 지금 보고 있는 헌법 제16조는 사생활을 '공간' 차원에서 보호하는 것이다.

착각할 수 있겠다 싶어 말하고 넘어가야겠다. 주거라는 건 직접적 주거 공간인 집, 즉 가옥에만 한정되는 것이 아니다. 주차장, 지하실, 계단 등 부속적 주거 공간과 이와 연결되어 둘러싸고 있는 울타리 혹은 정원도 포함된다. 생활이나 업무를 위해 쓰이는 한 주거에 해당한다. 캠핑용 자동차나 텐트도 주거에 포함된다.

왜냐하면, 시간상으로 짧고 길고를 따지지 않기 때문이다. 한편, 밭이나 논, 목장, 과수원과 같이 거주 관계를 실질적으로 확인하기 어려운 경우에는 재산권의 보호 대상이 된다. '거주'라는 프레임으로 보았을 때 명확한 답을 내기 어렵기 때문이다.

헌법 제16조도 당연히 법률로써 제한이 된다. 그리고 당연히 본질적 내용은 침해할 수 없다. 기본권이니까 당연한 얘기다. 제한을 걸 수 있는 구체적 법률로는 마약법, 감염병예방법, 소방법, 출입국관리법 등이 있겠다.

(4), 헌법 제17조

모든 국민은 사생활의 비밀과 자유를 침해받지 아니한다.

사생활을 추구하는 건 인간의 본래 욕구다. 누구나 타인의 간섭이나 방해를 받지 않고 자신의 삶을 살길 바란다. 사생활의 비밀과 자유는 이러한 인간의 당연한 욕구를 실현하고자 한다. 사생활에 대한 보호 요청이 현대에서 강하게 인식된 이유는 과거에는 사생활에 대한 위협이 상대적으로 적었기 때문이다. 이른바 정보사회가 시작되고, 국민의 모든 생활이 정보통신 기술(카톡, 인스타, 혹은 각종 사이트)에서 벗어나기 어렵다 보니 개인의 비닐 보호의 중요성이 더욱 새롭게 강조되지 않을 수 없게 되었다.

사람은 누구나 자기 삶을 영위할 때, 사생활을 소중히 간직하길 원한다. 또, 사생활의 자유라는 건 자기만의 비밀이 부당하게 공개 당하지 않고 자기 삶을 자율적으로 영위할 수 있는 자유를 말한다. 사생활이란 자신을 타인에게 드러내지 않고 간섭받지 않는 자신만의 평화를 유지할 수 있는 영역이다.

사생활의 비밀 불가침은 자신만이 간직하고자 하는 내용이 조사되거나 공개되지 않는 것을 말한다. 사생활의 비밀은 국가가 사생활을 들여다보고 정보를 수집하는 것에 대한 보호로서 자신을 본인 모르게 탐지하는 것을 방어하는 성격을 지닌다. 따라서 신체의 특징이나 성별, 질병 기록, 신용 등이 조사되거나 공개되어서는 안 된다. 병원 진료 기록이 비밀인 걸 생각해보면 당연한 얘기다.

사생활의 자유 불가침은 국가가 사생활의 자유로운

형성을 방해하거나 금지하는 것에 대한 보호를 말한다. 개인의 사생활(결혼, 피임, 출산, 취미, 이혼 등)에 관한 자유로운 결정이 보호된다. 사생활의 자유는 사적 공간의 평온 유지를 보호하므로 주거 공간에 대한 빛이나 소음, 진동 등 보통사람이 감내하기 어려운 '생활상 침해'가 발생한 경우 주거의 자유에 대한 침해라기보다는 사생활의 자유에 대한 침해라고 보아야 한다.

이러한 사생활의 비밀과 자유도 법률로 제한할 수 있다. 당연히 본질적 내용은 침해되지 않는다. 사생활 영역은 세 가지, '사적 영역', '내밀 영역', '사회적 영역'으로 나눌 수 있다. 사적 영역은 사회 관념상 비밀로 유지될 영역으로 전과 사실이나 질병 기록 등이 해당한다. 사적 영역은 본인 동의 여부에 따라 공개할 수 있다. '내밀 영역'은 인간 존엄과 밀접한 관련을 지니는 불가침 영역이다. 자기 신념이나 정치적 성향이 여기에 포함된다. 이러한 내밀 영역은 절대적으로 보호되어야 하므로 내밀 영역의 공개는 사생활 비밀의 본질적 내용에 대한 침해가 된다. 마지막, '사회적 영역'은 친지 혹은 가족 관계의 친밀성을 전제로 형성되는 사적 영역으로 가족 형성(결혼, 출산, 양육, 이혼 등)에 관한 내용이 여기에 속한다. 결론만 딱 말하면 이렇다.

내밀 영역은 본질적 내용이기에 제한이 불가하지만, 사회적 영역과 사적 영역은 사익과 공익에 비례하여 제한할 수 있다.

(5). 헌법 제18조

모든 국민은 통신의 비밀을 침해받지 아니한다.

전통적으로 국가는 우편이나 전기통신 운영을 독점해왔다. 따라서 '통신'영역은 다른 사생활 영역과 비교하면 국가에 의한 침해 가능성이 매우 큰 영역이다. 헌법이 사생활의 자유와 비밀에 포함될 수 있는 통신의 자유를 개별 조항으로 만듦으로써 자유권적 기본권 중 하나로 보호하려는 것도 이런 이유에서다.

통신의 자유란 자유로운 통신의 보장과 통신 비밀의 불가침을 그 내용으로 한다. 구체적으로, 통신의 자유는 떨어져 있는 사람 간의 의사나 정보를 자유롭게 전달할 수 있는 자유를 말한다. 통신은 우편물과 전화·전신·팩스·이메일 등 전기통신을 말한다. 이메일(전자우편)이란 컴퓨터 통신망을 통해서 메시지를 전송하는 것 또는 전송된 메시지를 말한다.

통신의 비밀이란 편지·우편·전신 등의 통신내용이나 형태, 배달방법, 전달자 등 배달과 관련된 모든 내용을 말하며, 비밀성 유무를 불문한다. 통신의 불가침이란 통신에 대한 개봉이나 열람을 금하며 통신 업무종사자가 업무상 알게 된 통신내용을 다른 사람에게 누설해는 안 된다.

당연하게도 통신의 자유는 법률로 제한할 수 있다. 그러나 본질적 내용을 침해할 수는 없다. 통신의 자유를 제한하는 법률로는 국가보안법, 전파관리법, 통신비밀보호법 등이 있다. 조금 더 구체적으로 말하자면, 통신을 제한하는 조치에는 감청과 도청이 있다. 감청이란 법률에 따라서 적법하게 다른 사람의 통신내용을 청취하는 것을 말한다. 도청이란 불법적으로 다른 사람의 전기통신내용을 청취하는 것이다. 따라서 도청은 어떤 수단에 의하건 사생활의 비밀에 대한 침해이며 통신의 자유에 대한 중대한 침해이다.

(6). 헌법 제19조
모든 국민의 양심의 자유를 지닌다.

법질서는 민주적 다수의 도덕적 기준과 정치적 의사

에 따라 형성하기 때문에 국가의 법질서에서 벗어나려는 소수의 양심에 대한 배려가 요구된다. 헌법이 양심의 자유를 보장하는 것은 다수가치로서의 법질서와 소수의 양심이 충돌할 경우, 소수의 양심을 보호하겠다는 의지의 표명이다.

양심의 자유에서 양심은 진지한 윤리적 결정을 포함한 선과 악에 관한 결정을 말한다. 선악 결정인 양심은 미추 평가(아름답다, 추하다)나 진위(진짜다, 구라다)평가와 다르다. 양심이라는 것은 진지한 결정이므로 단순한 회의나 의심은 양심에 속하지 않는다. 양심은 인격의 정체성이 위협받는, 즉 존재 자체가 의문시되는 위기 상황에서의 양심을 말한다.

또한, 양심은 윤리적 결정이다. 따라서 양심의 결정이 합리적인가, 이성적인가로 판단할 수 없다. 도덕률이나 사회규범에 의해서도 옳고 그름이 판단될 수 없다. 양심의 결정이 불합리하고 비이성적이라도, 법질서에 받아들여지지 않아도, 양심으로 보호된다. 오히려 이것이 용납되지 않을 때 양심의 자유는 진가를 드러낸다.

양심의 자유는 크게 세 가지다. 첫째, 양심형성의 자유. 양심형성의 자유는 부당한 간섭이나 강제를 받지 않고 양심을 형성할 수 있는 자유를 말한다. 올바른 양심형성이 이루어지기 위해서는 자율적인 양심형성을 위협하는 각종 영향력에서 벗어나 있어야 한다. 둘째, 양심표명의 자유다. 이것은 형성된 양심을 방해받지 않고 표명할 수 있는 자유를 말한다. 자유로운 토론이 보장되어야 하고, 열린 사고가 인정되어야 한다. 셋째, 양심 실현의 자유란, 양심에 따른 행동을 할 자유를 말한다. 하지만, 누군가를 죽이라는 양심의 명령에 따른 양심 실현은 법질서를 위반하는 것이어서 보장될 수 없다.

양심형성의 자유는 법률로도 제한할 수 없는 절대적 자유다. 그러나 양심 실현의 자유에는 일정한 한계가 있는데, 양심 실현의 자유가 보장된다고 하여 양심을 이유로 법질서 복종을 거부할 수 없다. 왜냐하면, 양심을 주장하여 법률 복종을 거부할 수 있다고 하면 국가 공동체는 해체될 수밖에 없기 때문이다.

(7). 헌법 제20조
①모든 국민은 종교의 자유를 가진다.

②국교는 인정되지 아니하며, 종교와 정치는 분리된다.

모든 사람에게 해당하는 자명한 사실은 '죽음'이다. 죽음 이후에 대한 사고는 종교와 연결되어 나타난다. 자명한 사실을 본 인간이 종교를 찾는 건 이상한 일이 아니다. 종교의 자유는 교권과 결합한 국가권력과의 투쟁을 통하여 획득한 자유로서, 모든 정신적 자유의 근원이 된다. 영적 평안함이 없는 인간의 존엄이나 자유, 행복은 기대할 수 없기 때문이다.

헌법이 보호하는 종교는 문화민족 사이의 어느 정도 공통된 기본적인 윤리관의 토대 위에서 만들어진 신앙만을 보호하는 것은 아니다. 기존의 전통적인 교리와 다른 신앙적 확신도 보호되기에 신흥종교, 소수 종파 모두 신앙의 자유를 원용할 수 있다. 종교적 결사의 사회적 영향력이나 인적 규모 등은 종교의 자유를 누리는 데 영향을 주지 않는다.

신앙형성의 자유. 누구든 자율적으로 신앙을 갖거나 신앙을 갖지 않을 자유를 말한다. 신앙을 선택하고 변경할 수 있는 자유를 포함하여 '신앙의 자유'로 불린다. 한편, 신앙실현의 자유도 있다. 이것은 자신의 신앙을 외부에 표명하고 신앙에 따라 행동하며 실천하는 자유를 말한다.

신앙형성의 자유는 법률로도 제한할 수 없는 절대적 기본권이나, 신앙실천의 자유는 법률로 제한될 수 있다. 그러나 종교의 본질적 내용은 침해할 수 없다. 가령, 일부다처제를 주장하거나 종교의식이라는 이름으로 이루어지는 간음행위, 인간을 제물로 바치는 의식 등은 허용되지 않는다.

(8). 헌법 21조
①모든 국민은 언론·출판의 자유와 집회·결사의 자유를 가진다.

②언론·출판에 대한 허가나 검열과 집회·결사에 대한 허가는 인정되지 아니한다.

③통신·방송의 시설기준과 신문의 기능을 보장하기 위하여 필요한 사항은 법률로 정한다.

④언론·출판은 타인의 명예나 권리 또는 공중도덕이나 사회윤리를 침해하여서는 아니된다. 언론·출판이 타인의 명예나 권리를 침해한 때에는 피해자는 이에 대한 피해의 배상을 청구할 수 있다.

동물이나 인간은 여러 면에서 구별된다는 건 누구나 안다. 그러나 밀은 가장 뚜렷한 차이가 자기 생각이나 의견을 말할 수 있다는 것으로 보았다. 밀의 사상은 자유로운 의사 표현의 이론적 배경이 되었고 표현의 자유를 획기적으로 발전시키는 데 이바지하였다. 다만, 표현의 자유를 쟁취하려는 과정에서 상당한 희생을 치러야만 했다.

언론·출판의 자유란 자기 생각이나 의견을 언어나 문자 등을 통해서 외부에 표현하는 자유를 의미한다. 언론이란 구두에 의한 표현이며, 출판이란 문자나 상형에 의한 표현을 말한다. 의사 표현의 매개체는 형태와 관련 없이 가능하며 제한도 없다.

고전적 의미의 의사 표현의 자유는 '의사 표명 및 전달의 자유'라고 한다. 이것은 자기 생각이나 의견을 자유롭게 표명하고 전달할 수 있는 자유를 말한다. 자기 의사를 밝히는 것이 표명이라면 전달은 타인의 의사를 알리는 것이다. 더 나아가 '알 권리'는 제2차 세계대전 이후 새로 생긴 기본권이다. 정보에 대한 국민의 접근 요구가 늘어나면서 인식된 현대적 의사 표현의 자유 중 하나다. 의견의 자유로운 표명은 자유로운 의사 형성을 전제로 하며 자유로운 의사 형성은 충분한 정보에 접근에 보장됨으로써 가능해진다. 알 권리는 정보를 받는 수령권과 정보를 구할 정보수집권을 구체적인 내용으로 한다.

접근(access)도 있다. 이것은 언론 매체에 대한 접근 이용권을 말한다. 접근권은 약자인 국민에게 언론에 접근할 기회를 부여함으로써 정보를 받기만 하는 국민을 정보를 보내는 국민으로 복권하려는 데 의의가 있다. 한편, 언론기관의 자유, 즉 신문과 방송의 자유도 있다. 언론·출판의 자유는 이 또한 보장한다. 표현의 자유를 보장하고 활성화하기 위해서는 방송이나 신문의 자유로운 활동을 보장해주어야 한다. 방송이나 신문은 다양한 정보를 보도함으로써 민주주의 발전과 존립에 기초가 되는 여론형성에 이바지하고 의사 표명의 자유를 실질화 시켜주기 때문이다.

우리 헌법은 언론·출판에 대한 검열이나 허가를 금지하고 있다. 신문이나 잡지의 등록제나 일반 간행물의 신고제는 허가제 금지에 위반되지 않는다. 등록제는 무책임한 신문이나 정간물의 난립을 방지하고 언론·출판의 공적 기능과 언론의 건전한 발전을 위한 것으로 구별되며 허용된다.

언론·출판에 대한 검열이 허락되지 않는 구체적인 이유도 있다. 검열이란 허가받지 않은 사상이나 의견의 발표를 금지하는 것으로서, 행정권이 주체가 되어 사상이나 의견이 발표되기 전에 그 내용을 심사하고 선별하여 발표를 억제하는 제도를 말한다. 만일 검열이 허용될 경우 행정기관은 입맛대로 '땡전 뉴스' 같은 행태를 보일 우려가 있다. 따라서 이는 허락되지 않는다.

(9). 헌법 제22조
①모든 국민은 학문과 예술의 자유를 가진다.
②저작자 · 발명가 · 과학기술자와 예술가의 권리는 법률로써 보호한다.

진실발견이나 진리탐구는 절대적 사고가 강조되는 곳에서는 불가능하다. 중세 교회의 절대 교리에서 벗어나려는 개인의 양심이나 신앙, 사상은 학문의 자유에 중요한 동인이 되었다. 학문의 자유는 영국의 베이컨 등에 의해 주장되었으며, 최초로 헌법에 명문화된 것은 1849년 프랑크푸르트 헌법이다.

학문의 자유란 진리탐구의 자유로서, 사물의 바른 이치를 찾아내고자 하는 진지하고 계획적인 활동을 보호하는 기본권이다. 학문은 기성의 권위나 권력, 기존의 지식이나 진리에 만족하지 않고 이들에 대한 반발에서 시작된다. 학문의 자유는 연구자 개인의 인격을 실현하여 줌은 물론이고, 진리를 발견하고 문화를 창조하며 학문적 발전을 통해 공동체의 복리를 증진하여 준다.

구체적인 내용을 보자. 두 가지가 있다. 첫째, 학문연구의 자유이다. 학문연구의 자유란 진리추구의 자유로서 사물의 바른 이치를 찾아내려는 모든 인간의 노력과 행위를 말한다. 둘째, 학문연구발표의 자유이다. 이는 연구 결과를 교수 이외의 형태로 외부에 자유롭게 발표하는 자유를 말한다. 연구발표는 학회, 학술지, 저서 등으로 발표하는 것을 말한다. 대학의 강의실에서 발표하는 것은 나중에 이야기할 '강학의 자유'로 보장된다. 학문연구발표의 자유는 언론·출판의 자유보다 고도의 보장을 받는다. 왜 그런지는 법 만든 사람들을 생각해보면 쉽게 답이 나온다.

이런 학문의 자유는 법률로 제한할 수 있다. 그러나

본질적 내용은 침해할 수 없다. 학문연구의 자유는 내심의 자유로서 법률로도 제한할 수 없는 절대적 기본권이다. 연구의 자유는 다른 기본권과의 충돌 가능성이 없으므로 제한 없이 보장된다. 다만 핵물질에 대한 실험 등은 공익과의 조화가 요구되므로 허가 등의 제한이 가능하고 요구된다.

(10). 헌법 제23조

①모든 국민의 재산권은 보장된다. 그 내용과 한계는 법률로 정한다.

②재산권의 행사는 공공복리에 적합하도록 하여야 한다.

③공공필요에 의한 재산권의 수용·사용 또는 제한 및 그에 대한 보상은 법률로써 하되, 정당한 보상을 지급하여야 한다.

인간은 재산적 가치에 대한 권리가 확고하게 보장될 것을 언제나 원해왔고, 원하고 있다. 따라서 근대 입헌주의 인권선언이나 헌법에서 자유, 생명과 동일 선상에서 재산의 불가침을 말하고 있는 것은 당연한 일이라고 할 수 있다. 근대 초기 재산권은 천부인권으로서 무제한의 지배권으로 이해되었다. 재산권의 절대시, 계약

자유의 원칙은 근대 시민사회에서 중심 역할을 담당하였고 자본주의 시장경제질서의 원동력이었다.

모든 사람에게 재산권이 보장될 때 자기 삶을 스스로 책임질 수 있으며 개개인의 자유와 창의성은 보장되고 더 나아가 인간의 존엄성과 가치 또한 증대된다. 헌법의 재산권 보장은 국민으로 하여금 재산법 영역에서의 자유 공간을 보장하여주며 이를 통해 개개 국민의 삶을 자주적으로 형성할 수 있게 만들어 준다.

헌법이 보장하는 재산권이란 사법상, 공법상 재산적 가치가 있는 모든 권리를 말한다. 민법과 특별법상 권리는 물론, 봉급청구, 퇴직연금청구와 같은 공법상 권리를 포함하여 출판권이나 저작권과 같은 소유권도 재산권에 포함되나 이러한 정신적 재산권의 헌법적 근거는 여기서가 아니라, '학문과 예술의 자유'에 있다. 다만, 상속권에 관해서는 재산권에 포함된다.

헌법 제23조 3항에서는 재산권의 제한과 보상을 규정하고 있다. 국가는 국민의 삶의 질을 높이기 위해 댐, 도로, 다리와 같은 다양한 형태의 공익사업을 수행하게 되는데 사업수행을 위해 어쩔 수 없이 개인들의 토지를 확보해야 한다. 공익사업은 토지소유자의 재산권 보호와 균형을 유지하여야 한다. 헌법은 재산권 제한을 허용하면서도 이에 대한 정당한 보상을 지급하도록 하여 양자의 조화를 도모하고 있다.

(11). 헌법 제24조

모든 국민은 법률이 정하는 바에 의하여 선거권을 가진다.

우리가 제한선거의 지옥에서 벗어나 보통선거에 안착하기까지에는 오랜 시간과 노력이 요구되었다. 평등선거의 실현까지는 피를 흘리기도 했다. 제한선거는 영국이나 프랑스에서는 납세 실적으로, 미국에서는 문자해독능력으로 기준이 정해졌었다. 선거권은 프랑스에서 1791년 처음 규정되었으나, 여성 참정권까지 보장된 건 1944년의 일이다. 상당한 시간이 걸려 보통선거가 실현되었다. 영국도 그렇다. 1918년에서야 성인 남성에 대한 보통선거가 실현되었고, 10년이 지나서야 남녀 평등선거가 확립되었다.

이렇게 힘들게 얻어진 선거권이라는 건 무엇일까. 선거권은 선거인단의 구성원으로서 국민이 각종 공무원을 선출하는 권리를 말한다. 선거는 국가권력을 창설하고 국가권력 행사를 통제하며, 국가권력에 정당성을 부여하는 기능을 한다. 또, 국민의 의사를 체계적으로 결집하고 수렴하며 구체화해준다. 우리나라의 경우 만18세 이상의 국민은 선거권의 주체라고 할 수 있다.

선거권에는 대통령, 국회의원, 지자체장, 지방의회의원 선거권이 있다. 선거권은 국민 개개인이 직접 대통령이나 국회의원을 선출하는 권리가 아니라 국민 다수가 선거에 참여하여 당선자를 만들어 내는 합동행위이다. 이 점에서 모든 기본권이 개인의 권리인 것과 다르다고 볼 수 있다. 선거권은 국민의 선거인단의 구성원 자격으로 대통령이나 국회의원을 선출할 수 있는 권리를 말한다.

선거권은 법률로 제한할 수 있다. 그러나 당연하게도. 역시도. 본질적 내용은 침해할 수 없다. 공직선거법은 선거권 결격 사유를 규정하고 있다. 헌재에서도 집행유예자나 수형자에게 선거권을 불허하는 것은 위헌이라 하였고 재외국민의 선거권 행사를 전면적으로 부인하는 것은 선거권에 대한 침해라고 하였다. 이런 결정 이후 집행유예를 선고받은 자는 선거권이 있으며, 1

년 이내의 징역을 선고받은 자는 교도소에 수감 중이
더라도 선거권을 가질 수 있게 되었다.

(12). 헌법 제25조

모든 국민은 법률이 정하는 바에 의하여 공무담임권
을 가진다.

공무담임권이라는 말은 공무를 담당할 수 있는 자격
을 말한다. 공무담임권에는 선거로 선출되는 공직에 입
후보 가능한 피선거권과 공직에 취임할 수 있는 공직
취임권, 공무를 유지할 수 있는 공무담임권 모두 포함
된다.

피선거권은 선거에 입후보하고 공무원이 될 수 있는
권리를 말한다. 즉 선거에 후보로 출마할 수 있는 자격
이다. 대통령의 피선거권 요건은 만40세, 국회의원, 지
방의회의원 및 지방자치단체의 장은 만 25세이다. 한
편, 공직 취임권은 누구나 그 능력과 적성에 따라 공직
에 취임할 수 있는 권리를 말한다. 공직 취임은 국가공
무원법 등의 법률이 정하는 임용조건과 자격조건을 갖
춰야 한다. 마지막, 공무담임권은 국가나 지자체의 구
성원으로서 그 직무를 담당할 수 있는 권리를 말한다.

공무담임권을 보장하고 있으므로 공직 취임 기회의 자의적 배제나 공무원 신분의 부당한 박탈 혹은 권한의 부당한 정지는 허락되지 않는다.

제한에 관해 이야기를 해보자. 헌재는 국가공무원, 군무원, 지방공무원, 향토예비군 지휘관이 선고유예 판결을 받으면 당연퇴직해야 한다는 당연퇴직조항은 공무담임권에 대한 침해로 위헌이라고 하였다. 개정된 조항들은 선고유예를 받은 경우는 모두 당연퇴직에서 제외하거나 선고유예를 받은 경우라도 일정 범죄로 국한하여 퇴직 사유로 보고 있다.

Ⅵ. 기본권론(헌법 제 26조 ~ 헌법 제 39조)

　앞서 다룬 기본권은 자유권적 기본권이었다. 오늘은 청구권적 기본권, 즉 헌법 제26조부터 헌법 제30조. 그리고 사회적 기본권, 즉 헌법 제31조부터 헌법 제36조. 마지막으로 국민의 의무, 헌법 제37조부터 헌법 제39조까지 다루어보도록 하자. 아직 통치구조론은 시작도 안 했는데 엄청 글이 길어지고 지친다. 설명하는 사람도 지칠 만큼 할 말이 많은 이유는 우리 헌법에서 기본권을 상세히 다루고, 중요하게 여기기 때문이다.

　청구권적 기본권과 사회적 기본권은 흔히 현대적 권리라고 말한다. 그럼 근대적 권리도 있느냐? 있다. 지난번까지 다룬 자유권, 평등권, 참정권이 그렇다. '근대'는 현대보다 이전이다. 그래서 헌법에서도 현대적 권리를 명시하기 이전에 작성해놓았다. 공교롭게도 순서도 자유, 평등, 참정. 순서대로 똑같다. 하여튼. 청구권이라는 게 무엇인가. 누가 누구에게 뭘 청구하나. 국민이 국가를 상대로 청구하는 게 청구권이다. 일정 행위를 적극적으로 요구할 수 있는 권리가 바로 청구권의 골자다. 사회권은 국민이 인간다운 생활을 하기 위해서 국가로부터 일정한 배려를 요구할 수 있는 권리

다. 줄줄 열거된 열거적 권리가 사회적 기본권의 특징
이다.

(1). 헌법 제26조

①모든 국민은 법률이 정하는 바에 의하여 국가기관
에 문서로 청원할 권리를 가진다.
②국가는 청원에 대하여 심사할 의무를 진다.

국민은 국가에 자신의 고통을 알릴 수 있기를 원하
며, 자기의 아픔을 들어주길 바라는 대화 창구를 원한
다. 맨 처음, 청원은 군주의 자의적인 권한 행사에 대
해 국민의 의견이나 희망을 전달하는 것으로 시작되었
다. 청원권은 국가기관에 자기 희망이나 고통을 진술하
고 그 시정을 요구하는 권리를 말한다.

그럼, 청원권은 소송과 뭐가 다른가? 소송은 사법구
제 절차가 요구하는 요건을 충족시켜야 해서 복잡하다.
근데 청원권은 절차적 제한을 받지 않으면서 비용 부
담 없이 자신의 요구를 국가에 전달할 수 있는 권리다.
이는 절차적 기본권으로 실체적 권리의 내용을 보장하
고 있는 것은 아니다. 내용과 형식에 구애받지도 않는
다.

청원은 청원의 내용이 국가기관에 의해 실질적으로 심사될 수 있어야 한다. 헌법은 청원을 수리하고 심사할 의무를 규정하고 있고 청원법은 처리 결과를 청원인에게 통지할 의무까지 규정하고 있다. 통지에는 처분관서가 청원의 내용을 인식하고 있으며, 청원 사항을 담당하는 기관이 어떻게 그러한 결론에 이르게 되었는가를 이해할 수 있을 정도의 이유가 명시되어있어야 한다. 청원서는 청원 사항을 관장하는 소관 기관에 제출한다.

청원권은 법률로 제한할 수 있다. 그러나 본질적 내용까지 침해할 수는 없다. 청원권 행사에 허가를 조건으로 하거나 내용을 심사하여 선별적으로 수리하거나, 청원에 과도한 비용을 부담시킴으로써 청원을 사실상 불가능하게 하는 경우는 청원권의 본질적 내용에 대한 침해라고 할 수 있겠다. 덧붙여 조금 더 설명하자면, 현행 청원제도는 문제가 좀 있다. 현행법상 청원 처분을 소관부서에 제기하는데, 독일처럼 모든 청원이 국회로 들어가게 하는 게 맞지 않나 싶다. 가령, 부여군청이 마음에 들지 않아 청원하고 싶어 신문고에 올렸는데, 소관기관인 부여군청으로 다시 처분권이 넘어온다면? 차라리 국회로 넘겨 국회의 권위 아래에 시정을 요구하면 청원의 효과가 높아지지 않을까 싶다. 지금은 뭘 해도 틀에 박힌 대답만 돌아온다. (몇 번 민원 넣어봤었다.)

(2). 헌법 제27조

①모든 국민은 헌법과 법률이 정한 법관에 의하여 법률에 의한 재판을 받을 권리를 가진다.

②군인 또는 군무원이 아닌 국민은 대한민국의 영역 안에서는 중대한 군사상 기밀·초병·초소·유독음식물공급·포로·군용물에 관한 죄중 법률이 정한 경우와 비상계엄이 선포된 경우를 제외하고는 군사법원의 재판을 받지 아니한다.

③모든 국민은 신속한 재판을 받을 권리를 가진다. 형사피고인은 상당한 이유가 없는 한 지체없이 공개재판을 받을 권리를 가진다.

④형사피고인은 유죄의 판결이 확정될 때까지는 무죄로 추정된다.

⑤형사피해자는 법률이 정하는 바에 의하여 당해 사건의 재판절차에서 진술할 수 있다.

우리 헌법 제27조는 재판청구권에 관한 내용이다.

제1항에서 재판청구권을, 제2항에서 군사법원에서 재판관할을, 제3항에서 신속한 재판을, 제4항에서 공개재판을, 제5항에서 재판절차 진술권을 보장하고 있다. 그럼 이제 조금 더 자세히 살펴보자.

헌법이 보장하는 실체적 자유와 권리는 빈틈없는 권리구제의 수단과 절차까지 보장할 때 완전해진다. 국민에게는 자신의 권리를 자력으로 실현하는 자력구제가 원칙적으로 금지되어 있으므로 이를 대신할 수 있는 효율적 권리구제제도의 완비가 요청된다. 재판제도는 머나먼 옛날로 돌아가 살펴봐도 있다. 그러나 '제3자'에 대한 재판청구권은 1215년 대헌장에서부터 시작되었고, 1628년 권리청원에서 공고해졌다. 재판청구권이 성문법으로 자리 잡게 된 건 1789년 대혁명 이후 2년이 지난 1791년 프랑스 헌법에서부터다.

재판청구권이란 국가에 대하여 재판을 청구할 권리를 말한다. 모든 국민은 법적 분쟁이 발생할 경우에 독립된 법원에 의한 공정하고 신속한 재판을 받을 권리를 가진다. 재판청구권은 다른 기본권을 보장해주기 위한 절차적 기본권이라고 할 수 있다. 조금 더 구체적으로 살펴보자. '재판'이라는 말은 구체적 분쟁을 해결하는 법원의 과정을 말한다. 분쟁에서 사실을 확정하고 법률을 해석하여 적용하기까지, 일련의 모든 과정을 재판이라고 한다.

이제 제2항을 살펴보자. 민간인이 군사법원에서 재판받을 일이 있을까? 있다. 민간인은 중대한 군사상 기밀, 초소, 유독음식공급, 포로, 기밀에 관한 죄를 범하면 군사법원에 가서 재판받는다. 또한, 비상계엄이 선포된 경우에도 민간인이 군사법원 재판장에 설 수 있다. 이런 규정은 약간 문제가 있다. 군사법원의 대상이 너무 넓지 않나 싶다. 군 기능수행과 관련된 범죄를 일반 국민까지 확장해 적용하는 게 맞는가? 또, 비상계엄이라고 해서 민간인을 일률적으로 군사법원의 대상으로 하는 것이 맞는가? 생각해 볼 문제다.

다시, 제3항을 보자. 모든 국민은 신속한 재판을 받을 권리가 있다. 신속한 재판은 재판의 생명이다. 올바른 결정도 중요하지만 신속하지 않으면 진정한 권리보호가 어렵다. 신속한 재판은 피고인의 이익과 실체적 진실발견 및 소송경제의 공익과 조화를 요구한다. 그러나, 현실적으로 신속한 재판이 이루어지고 있을까? 내 경우에는 어떤 소송에 엮였었는데 종결까지 3년 걸렸다. 그동안은 피가 쭉쭉 빨린다.

다음은 제4항을 보자. 형사피고인은 공개재판을 받을 권리를 가진다는 것이다. 공개재판이란 공개된 법정에서 심리와 판결이 공개된 법정에서 이루어지는 재판을 말한다. 모든 사람이 볼 수 있도록 함으로써 재판의 공정성을 담보하고 더 나아가 감시하기 위함이다. 단, 일정 경우. 비공개가 허용된다.

마지막, 제5항이 남았다. 형사피해자는 법률이 정하는 바에 의해 당해 사건의 재판절차에서 진술할 수 있다고 규정하여 피해자의 재판절차 진술권을 재판청구권의 한 내용으로 인정한다는 조항이다. 재판절차 진술권이 무슨 말일까? 형사피해자가 법원에 대하여 증인신문절차에서 진술할 수 있도록 요구할 수 있는 권리를 말한다. 재판절차 진술권의 보장은 법관이 피해자의 진술을 청취하여 적절하고 공정한 재판을 할 수 있도록 하며 유, 무죄 판정과 양형 판결에 참고할 수 있도록 하기 위해 필요하다.

(3). 헌법 제28조
형사피의자 또는 형사피고인으로서 구금되었던 자가

법률이 정하는 불기소처분을 받거나 무죄판결을 받은 때에는 법률이 정하는 바에 의하여 국가에 정당한 보상을 청구할 수 있다.

형사보상 청구권은 국가가 형사사법의 잘못으로 형사책임을 추궁당하지 않을 자를 형사피의자나 형사피고인으로 다룸으로써 발생한 피해를 보상해준다는 말이다. 만약, 어떤 사람이 구속상태에서 범죄 수사를 받다가 범죄 혐의가 없어서 불기소처분을 받거나 구속상태에서 법원의 재판을 받다가 무죄가 선고된 경우, 피의자나 피고인은 회복하기 어려운 손해(정신적, 물질적 모두)를 입게 된다. 이 경우 검찰이나 법원의 수사나 재판은 불법이 아닌 정당한 형사사법권 행사일지라도, 결과적으로 무혐의, 무죄면 이에 대한 정당한 보상을 지급해야 한다.

형사보상청구권은 두 가지로 나눌 수 있다. 첫째, 피의자보상. 피의자보상은 피의자가 불기소처분을 받은 때의 보상이다. 둘째, 피고인보상. 피고인보상은 피고인이 무죄 재판을 받은 때의 보상을 말한다. 형사보상청구권은 피의자보상의 경우 검사로부터 공소 제기하지 않는다는 통지 받은 날로부터 3년 이내, 피고인보상은 무죄 재판이 확정된 걸 안 날로부터 3년, 무죄 재판이 확정된 때로부터 5년 이내에 해야 한다. 나는 개인적으로 이 시간제한 기준을 없애야 한다고 본다. 사람 일이 훗날 어떻게 될지 모르는 거고, 진실이 언제 밝혀질지 모르는데 3년, 5년은 좀 너무하다.

(4). 헌법 제29조

①공무원의 직무상 불법행위로 손해를 받은 국민은 법률이 정하는 바에 의하여 국가 또는 공공단체에 정당한 배상을 청구할 수 있다. 이 경우 공무원 자신의 책임은 면제되지 아니한다.

②군인·군무원·경찰공무원 기타 법률이 정하는 자가 전투·훈련등 직무집행과 관련하여 받은 손해에 대하여는 법률이 정하는 보상 외에 국가 또는 공공단체에 공무원의 직무상 불법행위로 인한 배상은 청구할 수 없다.

위법한 공권력 행사로 인한 피해를 국가가 책임져줄 때 법치국가는 완성되며, 국가배상의 완전한 실현 여부는 법치 선진국의 판단 척도가 된다. 공무원의 직무수행에 대한 피해나 과실에 대해서는 과거엔 '국가무책임'원칙이었지만, 폐기되고 '국가책임'원칙으로 전환

되었다.

국가 배상청구권이라는 건 공무원의 직무상 불법행위로 손해를 입은 국민이 국가나 공공단체에 손해배상을 청구할 수 있는 권리를 말한다. 위법한 국가작용으로 인한 피해를 국가가 책임짐으로써 법치국가가 실현되기 때문이다. 국가배상은 위법한 공권력 행사에 대한 피해배상이라는 점에서 적법한 공권력 행사로 인한 피해를 국가가 보상해주는 손실 보상과도 구분된다.

제2항을 조금 더 보자. 제2항은 이중 배상 금지를 규정하고 있다. 이는 위험성이 높은 직무에 종사하는 자에 대해서는 사회보장적 위험부담으로서의 보상제도를 마련함으로써, 이와 경합을 하는 배상 청구를 배제하려는 취지에서 비롯된 것이다. 구체적으로 말하자면. 위험성이 높은 직무에서 근무하는 자에게 지급되는 보상은 위험의 대가로 지급되는 것이므로, 불법행위로 인한 피해에 대한 배상과는 구별되어야 한다는 말이다.

자, 그럼 이 조항도 제한될 수 있을까? 당연히 법률로써 제한할 수 있다. 그래도 본질적 내용은 침해할 수 없다. 그러나 국가배상 책임을 전면적으로 부인하거나 배상 기준을 지나치게 낮게 정함으로써 국가배상을 사실상 무의미하게 만드는 제한은 국가 배상청구권의 본질적 내용에 대한 침해가 된다.

(5). 헌법 제30조

타인의 범죄행위로 인하여 생명·신체에 대한 피해를 받은 국민은 법률이 정하는 바에 의하여 국가로부터 구조를 받을 수 있다.

범죄피해자의 구조청구권이라는 건, 타인의 범죄행위로 생명을 잃거나 신체에 대한 피해를 받은 국민이나 유가족이 가해자로부터 충분한 배상을 받지 못한 경우에 국가에 대하여 구조를 청구할 수 있는 권리를 말한다. 만약, 가해자가 배상 능력이 없거나, 누군지를 모르거나 도주한 경우. 기존의 손해배상 청구로는 구제를 받기 어렵다. 범죄피해자에 대한 보호는 국가가 범죄를 사전 예방하지 못한 것을 책임지는 것이며 범죄 피해를 사회구성원에게 분담시키는 사회보장의 성격을 지니고 있다.

피해자 구조청구는 타인의 범죄행위로 피해가 발생해야 한다. 범죄행위로 인한 것이어야 하므로 범죄행위로 볼 수 없는 정당행위나 정당방위 혹은 과실에 의한 행위는 여기에 해당하지 않는다. 또한, 생명이나 신체에 대한 피해로서 사망하거나 중상해, 장애를 입은 경우로만 국한된다.

다른 조항과 마찬가지로 제한 내용이 있다. 피해자와 가해자가 부부 사이거나, 4촌 이내 친족이거나, 직계혈족이면 피해구조를 신청할 수 없다. 유족이 피해자를 고의로 사망하게 한 경우에도 청구할 수 없다. 왜 그런지는 조금만 생각해보면 섬뜩한 이유를 알 수 있을 것이다.

(6). 헌법 제31조

①모든 국민은 능력에 따라 균등하게 교육을 받을 권리를 가진다.

②모든 국민은 그 보호하는 자녀에게 적어도 초등교육과 법률이 정하는 교육을 받게 할 의무를 진다.

③의무교육은 무상으로 한다.

④교육의 자주성·전문성·정치적 중립성 및 대학의 자율성은 법률이 정하는 바에 의하여 보장된다.

⑤국가는 평생교육을 진흥하여야 한다.

⑥학교교육 및 평생교육을 포함한 교육제도와 그 운

영, 교육재정 및 교원의 지위에 관한 기본적인 사항은 법률로 정한다.

　우리 헌법 제31조는 교육에 관한 조항이다. 제1항에서는 균등하게 교육받을 권리를, 제2항에서는 교육받을 의무를, 제3항에서는 의무교육 무상을, 제4항에서는 교육의 자주성 보장을, 제5항에서는 평생교육 진흥의무를, 제6항에서는 교육제도 법정주의를 명시해놓았다.

　절대주의 시대에는 대중교육의 필요성이 인정되지 않았다. 그나마도 정치의 일환으로 받아들여졌다. 그저 신민을 양성하는 게 전부였다. 시민들에게 자유로운 교육이 허락된 건 시민사회부터다. 입헌 국가 초기에는 국가가 경제뿐 아니라 교육에 대해서도 방임하고 있었다. 즉 교육의 기회는 여전히 특수계층에만 허락되었다는 얘기다. 산업혁명을 거치고 나서야 교육이 중요한 수단이라는 걸 인식하게 되었다.

　교육받을 권리는 능력에 따라 균등하게 교육받을 권리를 보장한다는 말이다. 능력에 따른 교육이란 개인의 능력에 따른 교육을 말하는 것으로 성별, 가정, 재산과 같은 능력에 따른 교육차별은 금지된다. 헌법은 교육받을 권리에 대해 제한요소로 능력을 말하고 있다. 능력 이외의 다른 요소, 즉 입학 기회의 제약 같은 건 원칙적으로 허락되지 않는다. 단, 능력에 따른 차별에 허락된다고 해서 능력이 부족한 사람의 교육권을 무시해도 된다는 건 아니다. 특수아동을 위해 필요한 교육 조건을 확보해야 한다.

균등하게 교육받을 권리라는 건 사회경제적 약자가 평등한 교육을 받을 수 있도록 국가에 이에 필요한 교육여건을 마련하고 정책의 실현을 요구할 수 있는 권리를 말한다. 이는 적극적으로 균등한 여건을 마련해달라고 요청한다는 점에서 생존권이라고 볼 수 있다. 또한, 교육받을 권리는 부모의 자녀에 대한 교육권을 포함하며 부모는 자녀의 교육에 관하여 전반적인 계획을 세우고 자신의 인생, 교육, 사회적 신념에 따라 자녀의 교육을 자유롭게 형성할 권리를 가진다.

우리 헌법은 의무교육의 실효성 증대를 위하여 의무교육을 무상으로 하도록 규정하고 있다. 무상은 취학에 필요한 모든 비용을 무상으로 해야 한다. 따라서 의무교육의 무상범위를 수업료로 국한하자는 주장은 적절하지 않다고 볼 수 있다. 국가가 해야 하는 것을 국가가 할 수 있는 것으로 축소한다고 보기 때문이다.

제4항에서는 교육의 자주성과 전문성, 정치적 중립성을 보장하고 있다. 첫째, 교육의 자주성이라는 건 교육기관이 교육 운영에 관해 자주적 결정권을 갖는 걸 말한다. 이를 위해서 학교운영의 자율성과 교사의 신분보장이 선행되어야 한다. 둘째, 교육의 전문성이라는 건교육 전문가인 교사가 교육내용이나 방법 등을 자주적으로 결정하거나 할 수 있는 것을 말한다. 전문성을 확보하기 위해서 임용제도가 있는 것이다. 임용이라니, 왠지 머리가 조여오는 느낌이다.

셋째, 교육의 정치적 중립성이란 교육이 특정 정당혹은 종교에 의해서 영향을 받지 말아야 함을 말한다. 교육의 정치적 중립성 요청은 교육이 정치적으로 중립적이어야 함은 물론이고 종교나 세계관적 측면에서도 중립이어야 한다고 말하고 있다. 만약, 교육이 이러한세력에 의해 영향을 받게 된다면 민주주의 교육은 역행할 수 있다. 북한을 생각해보자. 교육의 정치적 중립성을 확보하기 위해서는 교원의 정치적 중립성이 먼저되어야 할 것이다.

제5항과 제6항은 말 그대로다. 국가는 평생교육을 진흥하기 위해 국가평생교육진흥원, 이른바 국평원을 설립해서 나름대로 똥꼬쑈를 하고 있다. 제6항도 마찬가지다. 교육에 관한 권리가 중요하긴 하지만, 여기 다 쓸 수 없으니 하위 법률로 제정하겠노라고 명시한 것이다.

자, 그럼 교육권에 대한 제한을 받을 수 있을까? 만일 입법자가 교육권을 형성할 때 그 실현 수준은 최소한의 보장 그 이상이어야 한다. 만약 여기에 미치지 못하면 입법자가 입법 형성을 개떡으로 한 것으로 보아, 과소 보호 금지에 위반이다. 이 경우 교육받을 권리에 대한 제한이 가능하다. 그래도 본질적 내용에 대한 침해는 금지된다.

(7). 헌법 제32조

①모든 국민은 근로의 권리를 가진다. 국가는 사회적·경제적 방법으로 근로자의 고용의 증진과 적정임금의 보장에 노력하여야 하며, 법률이 정하는 바에 의하여 최저임금제를 시행하여야 한다.

②모든 국민은 근로의 의무를 진다. 국가는 근로의 의무의 내용과 조건을 민주주의원칙에 따라 법률로 정

한다.

③근로조건의 기준은 인간의 존엄성을 보장하도록 법률로 정한다.

④여자의 근로는 특별한 보호를 받으며, 고용·임금 및 근로조건에 있어서 부당한 차별을 받지 아니한다.

⑤연소자의 근로는 특별한 보호를 받는다.

⑥국가유공자·상이군경 및 전몰군경의 유가족은 법률이 정하는 바에 의하여 우선적으로 근로의 기회를 부여받는다.

미리 살펴보자. 제1항은 단순한 근로권 외에 고용증진의무, 최저임금과 적정임금의 보장을 말하고 있다. 제2항에서는 근로의 의무를, 제3항에서는 근로조건 법정주의를, 제4항에서는 연소자와 여성에 대한 특별 보호를, 제6항에서는 국가유공자 우선 취업기회부여를 규정하고 있다.

근로의 권리란 국가에 대하여 근로의 기회를 얻을 수 있도록 요구할 수 있는 권리를 말한다. 근로는 자기능력을 개발하고 발휘하고 향상할 수 있는 일정 수준 이상의 근로조건이 담보된 고용이어야 한다. 근로의 권리는 근로관계를 계속 유지하고 부당하게 해고당하지 않을 권리를 보장한다. 사회주의 헌법에서 근로는 공적 의무로 이해되지만, 우리 헌법에서는 개인의 권리라는 점에서 차이가 있다.

제2항에서는 근로의 의무를 규정하고 있다. 헌법에서 말하는 근로의 의무라는 건 강제적 의무는 아니다. 따라서 사회주의 국가 근로 개념과 구별된다고 할 수 있겠다. 자유주의 헌법에서는 권리는 의무가 될 수 없다. 만일, 권리를 자유가 아니라 권리 행상 의무로만 본다면 그것은 더는 권리라고 볼 수 없기 때문이다. 그럼 왜 근로의 의무라고 하는 걸까? 법적 효과를 보면 알 수 있다. 우리 헌법상에서는 일자리가 주어졌음에도 근로를 거절하는 자에게 실업급여 지급을 불허할 수 있다는 데 있다. 근로 능력이 있으면서 일하지 않는 자에게 사회보험의 일부 제공을 거부하는 건 근로에 대한 강제가 아니다. 근로의 의무가 있다고 해서 개인에게 근로를 강제할 수 없음은 물론이다. 그래도 나는 근로하고 싶긴 하다.

제3항은 있는 그대로의 내용이다. 근로기준법이 따로 있고, 우리가 사회에서 근로하게 될 때 헌법의 이 내용보다는 근로기준법을 더 많이 보게 될 것이다. 제4항과

제5항도 마찬가지의 내용이다. 엄한 이유로 차별하지 말고 일정 수준 보호해야 한다는 이야기다. 마지막 제6항도 그렇다. 국가유공자는 국가유공자다. 상응하는 예우를 해 주어야만 한다. 구체적으로 국가유공자 등 예우 및 지원에 관한 법률이 있다. 국가유공자 당사자와 유족의 취업 보호를 위해서 다양한 내용을 규정해놓고 있다.

입법자, 그러니까 국회의원들은 근로의 권리를 보장하기 위해 법률로 그 내용을 형성할 수 있다. 입법자가 근로의 권리를 형성할 때 그 실현 수준은 교육과 마찬가지로 최소한의 보장 그 이상이어야만 한다. 여기에 미치지 못하면 헌법 제31조 다룰 때 이야기 했듯 국회의원들이 허튼짓했다는 것으로 보아 과소호보호금지에 위반된다고 할 수 있다. 근로권에 대한 제한이 가능해도 본질적 내용은 침해할 수 없다.

(8). 헌법 제33조
①근로자는 근로조건의 향상을 위하여 자주적인 단결권 · 단체교섭권 및 단체행동권을 가진다.
②공무원인 근로자는 법률이 정하는 자에 한하여 단결권 · 단체교섭권 및 단체행동권을 가진다.

③법률이 정하는 주요방위산업체에 종사하는 근로자의 단체행동권은 법률이 정하는 바에 의하여 이를 제한하거나 인정하지 아니할 수 있다.

흔히 근로 3권이라고 말하는 그 내용이다. 1항에서는 단결권, 단체교섭권, 단체행동권을 말하고 있고, 2항에서는 공무원은 법률이 정하는 자만 근로 3권을 갖는다. 제3항에서는 법률이 정하는 바에 의하여 권리가 제한되거나 인정되지 않을 수 있다고 말하고 있다.

근로 3권은 공동체 유지기능을 지닌다. 국민의 절대다수이지만 사회적 약자에 속한 근로자의 근로조건이 인간다운 삶의 모습과 동떨어져 있을 때 공동체 유지는 어렵게 되기 때문이다. 또한, 근로 3권은 인간다운 삶을 실현 가능하게 만들어준다. 최저한의 근로조건이 확보되지 않는다면 최소한의 인간다운 삶과 인간의 존엄도 실현될 수 없기 때문이다.

근로 3권 중 단결권은 근로조건의 향상을 목적으로 근로자단체(노조)를 자주적으로 구성할 수 있는 권리를 말한다. 근로자단체는 구성원 각자가 할 수 없어 단체를 만든다는 점에서, 결사와 차이가 있다. 결사는 구성원 각자가 할 수 있지만 일을 더 체계적으로 하기 위해 단체를 조직하는 결사와 차이가 있기 때문이다.

단체교섭권은 노동조합이 근로조건의 향상을 위하여 사용자와 협상할 수 있는 권리를 말한다. 여기에는 단체협약체결권이 포함된다. 단체교섭은 근로조건의 유지와 개선을 목적으로 해야만 한다. 즉 근로조건 개선과 무관한 사용자의 경영이나 인사, 이윤취득에 관한 사항은 단체교섭 내용이 아니라는 말이다. 우리나라를 생각해보자. 금속노조. 정말 근로조건 개선만 요구하고 있는 것인지 의문이다.

마지막 근로 3권은 단체행동권이다. 노동쟁의가 발생한 경우 더 좋은 근로조건의 확보를 위해서 실력행사를 할 수 있다는 권리다. 노동쟁의라는 것은 근로시간이나 임금과 같은 근로조건에 관한 노사 간 주장의 불일치로 인해 발생한 불일치 상태를 말한다. 노동자는 태업, 파업 같은 것으로 실력행사를 하고 사용자는 직장폐쇄와 같은 방법으로 실력행사를 한다. 아 참, 사용자는 쟁의행위에 참가형 근로를 제공하지 아니한 근로자에 대하여는 그 기간 중의 임금을 지급할 의무가 없다. 그래서 지난번 CJ 택배 파업 때, 노조원들이 쟁의에 참여하지 않은 택배기사들의 상품을 손상하고 그랬었다. 심보가 참 나쁘다.

근로 3권도 제한될 수 있다. 구체적인 법률이 있다. 국가공무원법이나 지방공무원법에서는 노동운동을 금지하면서도 사실상 노무에 종사하는 공무원에 대하여는 노동운동을 허용한다. 단체교섭은 인정되지만, 단체행동은 금지된다. 주민센터에 갔는데 실력 행사한다고 아무도 없는 경우를 떠올려보자. 그럴 수는 없다. 교원도 공무원이다. 단체교섭은 허락되나 쟁의행위는 금지된다. 교원이 그럴 수 없는 이유는 너무나 직관적으로 와 닿는다(나만 그런가?). 한편 방산업계에서 일할 때도 쟁의행위를 금하고 있다. 전쟁이 났는데 총 안 만들겠다고 발악하면 큰일이기 때문이다. 하여튼. 이렇게 근로 3권도 법률로써 제한할 수 있다. 그래도 여전히 본질적 내용은 침해받지 않는다.

(9). 헌법 제34조
①모든 국민은 인간다운 생활을 할 권리를 가진다.
②국가는 사회보장·사회복지의 증진에 노력할 의무를 진다.
③국가는 여자의 복지와 권익의 향상을 위하여 노력

하여야 한다.

④국가는 노인과 청소년의 복지향상을 위한 정책을 실시할 의무를 진다.

⑤신체장애자 및 질병·노령 기타의 사유로 생활능력이 없는 국민은 법률이 정하는 바에 의하여 국가의 보호를 받는다.

⑥국가는 재해를 예방하고 그 위험으로부터 국민을 보호하기 위하여 노력하여야 한다.

좀 간략하게 살펴보자. 제1항에서는 앞서 이야기했듯이 인간다운 생활을 할 권리를 보장한다. 제2항에서는 이를 위해 사회복지와 사회보장을 증진해야 한다는 내용을 담고 있다. 제3항과 제4항에서는 약자. 즉 청소년 여성, 노인의 복지를 향상해야 한다는 내용을 담고 있다. 제5항에서는 생활 무능력자를 보호해야 한다는 걸 밝히고 있고, 제6항에서는 재해방지 등 생존에 관한 국가의 의무를 명시해놓고 있다.

인간다운 생활을 할 권리라는 건 인간 생존에 필요한 물질적 최저 생활을 청구할 수 있는 권리를 말한다. 물질적 최저 생활이란 생물학적 생존 수준 이상의 인간다운 생계 수준을 말한다. 물질적 최저 생활의 수준은 생활 수준, 소득 수준, 국가재정 규모와 정책 등 다양한 요소를 고려해서 정하며 구체적 내용은 입법부의 재량에 맡겨져 있다.

인간다운 생활을 할 권리가 실현하려는 물질적 최저 생활은 생활 보호법의 생계 보호 급여 액수만으로 판단되어서는 안 된다. 다면적으로 고려하여 판단되어야 하며, 적어도 최저생계비 수준은 되어야 한다. 물질적 최저 생활의 보장은 국가 경제 질서의 가치지표이며 예산편성 시 최우선으로 적용되어야 할 헌법의 지도원리 성격을 지닌다.

사회보장수급권은 인간다운 생활을 보장하는 권리 중에서 물질적 최저 생활의 청구를 제외한, 사회보험이나 사회보장 영역에서 생존을 실현하는 권리를 말한다. 의료보험, 연금, 건강보험, 산재보험 등이 이에 해당한다.

한편, 국가는 사회복지와 사회보장을 증진할 의무가 있다. 사회복지라는 건 보건, 교육, 고용, 주거 등 분야에서 인간다운 생활이 보장될 수 있도록 지원하는 각종 복지제도를 말하며 사회보장이라는 건 질병, 실업,

장애, 노령 등 일상에서 닥칠 수 있는 사회적 위험으로 부터 국민을 보호하기 위한 제도를 말한다.

헌법 제34조 또한 구체적 실현을 위한 입법 결과 실현 수준이 최소한의 보장 그 이상이어야 한다. 만일 이에 미치지 못하면 입법자가 똥 쌌다는 의미로 과소 보호 금지 원칙의 위반이다. 인간다운 생활을 할 권리에 대한 제한이 가능해도 본질적 내용에 대한 침해는 금지된다.

(10). 헌법 제35조

①모든 국민은 건강하고 쾌적한 환경에서 생활할 권리를 가지며, 국가와 국민은 환경보전을 위하여 노력하여야 한다.

②환경권의 내용과 행사에 관하여는 법률로 정한다.

③국가는 주택개발정책등을 통하여 모든 국민이 쾌적한 주거생활을 할 수 있도록 노력하여야 한다.

환경권은 1900년대에 들어서야 비로소 생긴 기본권이다. 천부인권으로써 주장된 건 아니다. 산업화에 따른 공해의 폐해와 싸우기 위한 권리 개념으로서 등장한 권리다. 환경권이란 쾌적한 환경에서 건강하게 살

권리를 말한다. 이는 자연환경과 생활환경을 대상으로 한다. 환경권은 쾌적한 환경이 침해되거나 침해될 우려가 있을 때 이를 배제하거나 방어하는 침해배제 청구권과 쾌적한 환경을 조성해달라고 요구할 수 있는 생활환경 조성 청구권을 내용으로 한다. 동시에 쾌적한 주거 생활을 요구할 수 있다.

제3항에서는 쾌적한 주거생활권을 보장하고 있다. 쾌적한 주거생활권의 보장은 먼저 주거 생활을 보장하고 쾌적한 생활을 보장하도록 노력해야 한다는 얘기다. 국가는 능력이 닿는 한 가능한 범위 안에서 국민의 기본적 주거 보장을 실현하도록 노력해야 한다.

입법 시 환경권 보장을 위해 법률로 내용을 구체화할 경우 최소한의 보장 그 이상을 향해야 한다. 이에 미치지 못하면 과소호보호금지에 위반된다. 환경권도 제한이 가능하되, 본질적 내용은 침해될 수 없다.

(11). 헌법 제36조
①혼인과 가족생활은 개인의 존엄과 양성의 평등을 기초로 성립되고 유지되어야 하며, 국가는 이를 보장한다.

②국가는 모성의 보호를 위하여 노력하여야 한다.

③모든 국민은 보건에 관하여 국가의 보호를 받는다.

혼인과 혼인으로 만들어지는 부모-자녀의 생활공동체인 가족은 정치적 공동체의 최소 단위로써 보호되어야 한다. 헌법은 혼인과 가족생활이 평등과 존엄을 기초로 성립되고 유지되어야 한다는 대원칙을 규정하고 있다. 혼인은, 포괄적 생활공동체를 구성하고 평생 지속하겠다는 남녀 간 합의를 뜻한다.

헌법에서는 혼인과 가족생활의 전제가 되는 혼인제도와 가족제도를 보장한다. 혼인과 가족제도의 구체적 내용은 입법자의 입법 형성으로 구현된다. 입법자는 광범위한 형성의 자유를 가지나, 헌법적 가치나 기본원칙을 침해할 수 없고 혼인과 가족제도가 지니는 핵심적 내용을 침해할 수 없으며 혼인이나 가족제도의 폐지는 허용되지 않는다.

자, 이제 제2항을 보자. 모성의 보호라는 건 모성의 건강에 대한 보호뿐 아니라 임신, 출산, 양육에 관한 모든 사회경제적 여건에 대한 국가적 보호를 말한다. 모성에 대한 양육지원이 중요한 이유는 모성이 양육

부담을 감수할 수 있어야 임신과 출산을 결심할 수 있기 때문이다. 모성은 모성보호를 위한 각종 제도의 시행을 국가에 청구할 수 있다. 모자보건법은 모성의 생명과 건강을 보호하고 있다. 모성이라는 이유로 불이익을 받는 일은 없는 게 상식적일 것이다.

혼인과 가족생활은 개인의 존엄과 양성평등을 기초로 성립되고 유지되어야 한다. 국가는 개인의 존엄과 남녀평등이 실현되는 혼인제도를 형성하고 가족제도를 보장해야 한다.

(12). 헌법 제37조

①국민의 자유와 권리는 헌법에 열거되지 아니한 이유로 경시되지 아니한다.

②국민의 모든 자유와 권리는 국가안전보장 · 질서유지 또는 공공복리를 위하여 필요한 경우에 한하여 법률로써 제한할 수 있으며, 제한하는 경우에도 자유와 권리의 본질적인 내용을 침해할 수 없다.

있는 그대로의 내용이다. 앞서 계속 법률로써 기본권이 제한되는 경우를 이야기 했는데, 제37조의 이러한 내용이 있기에 가능한 이야기다.

(13). 헌법 제38조

모든 국민은 법률이 정하는 바에 의하여 납세의 의무를 진다.

(14). 헌법 제 39조

①모든 국민은 법률이 정하는 바에 의하여 국방의 의무를 진다.

②누구든지 병역의무의 이행으로 인하여 불이익한 처우를 받지 아니한다.

헌법 제38조부터 제39조까지는 국민의 기본 의무를 규정하고 있다. 정치적 공동체를 유지하기 위해서는 구성원이 부담해야 할 일정 몫이 있기 마련이다. 구성원은 공동체의 안전을 지키고 유지에 필요한 비용을 부담해야 하며 구성원 간 기본적 합의 내용을 준수해야 한다.

국민의 기본 의무란 국민이 국가구성원 지위에서 부담하는 기본적 의무를 말한다. 기본 의무는 국민이 국가의 구성원으로 부담하는 여러 의무 중 헌법이 직접 국민에게 부여한 의무를 말한다. 개별 법률상의 의무는 기본 의무가 아니다. 기본 의무의 부과는 국민의 자유나 권리를 제한한다. 따라서 무제한적이고 무조건적 의무부담은 법치국가원리에 위반된다고 할 수 있다.

우리 헌법에서는 기본 의무로 국방의 의무, 납세의 의무, 교육받게 할 의무, 근로의 의무, 환경보전의 의무를 직접 명시하고 있다. 여기서는 국방의 의무, 납세의 의무를 살펴보도록 하자.

국방의 의무란 외국의 침략으로부터 국가를 유지하고 영토를 보존하는 국토방위의 의무를 말한다. 모든 국민은 법률이 정하는 바에 의하여 국방의 의무를 진다. 국방의 의무 주체는 국민이나 외국인도 상황에 따라서는 방공의 의무와 같은 국방의 의무를 부담한다. 국방의 의무는 직접적 병력제공뿐 아니라 방공, 전시근무, 방첩 등 국방에 관한 모든 의무를 포함한다. 병역법에서는 남성은 징병제, 여성은 지원병제를 규정하고 있다.

두 번째로 납세의 의무다. 국가의 존립과 국가 과제를 수생하는 데 필요한 경비를 충당하기 위해서 조세를 낼 의무가 납세의 의무다. 국민, 외국인, 법인 모두 납세의 의무를 부담하고 있다. 조세는 국가나 지자체가 아무런 보상 없이 강제적으로, 일방적으로 부과하는 모든 경제적 부담을 말한다. 교육받게 할 의무와 근로의 의무, 환경보전의 의무는 앞서 설명했기 때문에 생략하도록 한다.

VII. 통치구조론(헌법 제40조 ~ 헌법 제 65조)

의회제도는 고대 그리스나 로마의 민회에서 시작하여 영국의 현인 회의를 거쳐 12세기경부터 등족회의로 발전하였다. 등족회의는 지금 의회제도의 전신이라 할 수 있지만, 조직과 권한에 있어 많은 차이가 있다. 등족회의는 귀족, 서민, 승려의 대표로 구성된 신분 계급의 대표자 회의였으므로 등족회의 또는 삼부회라고 불렀었다.

자, 이제 우리나라 헌법에 나와 있는 국회 이야기를 해보자. 건국헌법에서는 단원제를 채택했다. 제2차 세계대전 후 신생 국가의 경우 일반적으로 단원제를 채택했는데, 그 이유는 신속하고 능률적인 국회 운영을 위해서이기도 하지만, 기득권을 지닌 정치세력이나 보호해야 할 신분 계급이 존재하지 않았기 때문이기도 하다. 최초의 양원제는 제1차 개정에서 채택되었다. 그러나 양원제는 제1공화국이 무너질 때까지 한 번도 실시하지 못했다.

실질적인 양원제는 제2공화국 헌법에서 시행되었다. 제2공화국 헌법은 민의원의 우월성을 전제로 한 양원제였다. 양원의 의견이 다른 경우 하원의 가중된 다수로 처리하게 하였다. 대통령은 양원 합동회의에서 선출했다.

군사혁명을 거치고 제3공화국이 열렸다. 근대화를 위해 대통령제와 효율적 국회를 위해 단원제를 채택했다. 이후 모든 헌법에서는 일률적으로 단원제를 채택하게 되었다. 지금 우리 상황은 근대화 단계는 지났다. 민주주의의 정착과 선진화 단계에 있기 때문이다. 따라서 신속보다 신중이, 효율보다 소통을 우선시할 때라고 할 수 있다.

(1). 헌법 제40조
입법권은 국회에 속한다.

국회의 권한은 내용에 따라서 입법에 관한 권한, 재정에 관한 권한, 헌법기관 구성에 관한 권한, 국정 통제에 관한 권한, 국회 내부에 관한 권한으로 분류할 수 있다. 헌법 제40조의 의미는 무엇일까? 국회는 정치적 공동체 구성원이 준수해야 할 행동원칙을 만든다. 헌법은 정치적 공동체가 준수해야 할 행동원칙이다. 우리 헌법에서 다른 헌법 기관에 부여한 입법 권한을 제외하고 나면, 국회가 실제로 가지는 입법권은 헌법개정의 의결권, 법률제정권, 조약의 체결·비준 동의권, 국회 규칙제정권만 남는다.

이 네 가지를 간단히 살펴보도록 하자. 첫째, 헌법개정의 의결권. 국회는 헌법개정에 관하여 발의권과 의결권을 가진다. 헌법개정안의 발의는 국회의원 재적인원 과반수 또는 대통령이 할 수 있다. 둘째, 법률제정권. 법률의 제정은 국회의 가장 본질적인 권한이다. 법률은 일반적으로 제안-심의-의결-정부로 이송-공포 절차를 밟아 제정된다. 법률안은 의원 10인 이상의 찬성으로 발의할 수 있고, 의원이 법률안을 발의하는 때는 법률안에 발의 의원의 성명을 기재한다. 이것을 법률 실명제라고 한다. 셋째, 조약의 체결·비준에 대한 동의권. 조약체결권은 대통령의 권한이나 헌법은 대통령의 자의적인 조약체결을 방지하고 민주적 정당성을 확보하기 위해서 국회의 동의를 얻도록 명하고 있다. 조약이 체결·공포되면 국내법과 동일 효력을 지니기에 국민대표 기관인 국회 통제하에 두는 것이 옳다. 마지막, 국회 규칙제정권. 국회는 법률에 저촉되지 않는 범위 내에서 의사와 내부규율에 관한 규칙을 제정할 수 있다.

(2), 헌법 제 41조

①국회는 국민의 보통·평등·직접·비밀선거에 의하여 선출된 국회의원으로 구성한다.

②국회의원의 수는 법률로 정하되, 200인 이상으로 한다.

③국회의원의 선거구와 비례대표제 기타 선거에 관한 사항은 법률로 정한다.

(3). 헌법 제42조

국회의원의 임기는 4년으로 한다.

헌법 제41조와 제42조는 국회의 구성에 관한 권한이다. 함께 보는 것이 좋다. 국회는 단원제로 구성하고 보통, 직접, 비밀, 평등선거로 선출된 253명의 지역구 의원들과 47명의 비례대표 의원으로 구성된다. 헌법은 국회의원의 정수를 법률에 맡기고 있지만, 하한선인 200명을 정해두고 있다. 국회의원 정수의 하한만 규정하고 상한을 법률에 위임한 것이 옳은 일인지는 생각해 볼 문제다. 어쨌든, 253명이기에 253개 선거구에서 한 명씩 다수 대표로 선출되고 전국구 의원은 비례대표로 선출된다. 현재 국회의원 정수는 300명이고 임기는 4년이다.

(4). 헌법 제43조

국회의원은 법률이 정하는 직을 겸할 수 없다.

국회의원은 법률이 정하는 직업을 같이 할 수 없다는 것이 제43조의 내용이다. 이른바 '겸직 금지의 원칙'이다. 당선 전부터 겸직이 금지된 직을 가진 경우에는 임기 개시일에 그 직에서 해직된다. 금지된 직업으로는 대통령, 헌재 재판관, 선관위원, 정부 투자기관의 임직원이 있다.

(5). 헌법 제44조

①국회의원은 현행범인인 경우를 제외하고는 회기 중 국회의 동의없이 체포 또는 구금되지 아니한다.

②국회의원이 회기 전에 체포 또는 구금된 때에는 현행범인이 아닌 한 국회의 요구가 있으면 회기 중 석방된다.

헌법 제44조 제1항에서는 불체포특권을 명시하고, 제2항은 국회의원의 불체포특권을 보장하고 있다. 불체포특권이란 회기 중 체포를 일시적으로 유예받는 국회의원이 지닌 특권을 말한다. 불체포특권은 형사책임의

면제를 의미하는 것이 아니라, 회기 동안만 일시적으로 체포를 유예받는 특권에 불과하다. 불체포특권은 사법부나 행정부의 탄압으로부터 국회의원의 신체를 보호함으로써 대의제를 실질적으로 실현하게 하는 데 그 의미가 있다. 단, 불체포특권은 현행범이면 적용되지 않는다. 여기서 잘 생각해보자. 소위 방탄 국회라고 불리는데, 불체포특권이 필요할까? 이 건 예전에 군주로부터 의회를 보호해야 할 필요가 있어서 만들어졌던 내용이다. 현대사회에 여전히 유효한지는 의문이다.

(6). 헌법 제45조

국회의원은 국회에서 직무상 행한 발언과 표결에 관하여 국회 외에서 책임을 지지 아니한다.

면책특권이란 국회의원이 국회에서 행한 발언과 표결에 관해서 국회 외에서 책임지지 않는 것을 말한다. 면책특권은 의원의 국민 대표성을 실현하고 행정부로부터 의원의 원활한 활동을 보장해, 입법권의 자율과 독립을 보장해주는 방어벽의 역할을 담당한다. 면책특권의 주체는 국회의원이다. 만일 의원이 국무총리나 장관직을 겸하고 있어도 국무총리나 장관의 지위에서 행한 발언과 표결에 대해서는 면책특권이 인정되지 않는다. 또한, 지방의회 의원에게도 면책특권이 인정되지 않는다. 면책특권은 국회의원의 직무 행위에 적용된다. 직무 행위는 직무집행 그 자체는 물론 통상적으로 직무집행에 필수적으로 부수되는 행위를 포함하는 걸 말한다.

국회의원의 직무상 발언과 표결에 대해서는 민사상, 형사상 책임을 지지 않는다. 면책특권에도 일정한 한계는 있다. 만일, 의원의 발언이 직무와 무관하며, 명백한 허위임을 알면서도 최소한의 사실확인과정을 거치지도 않은 채 허위의 사실을 적시하여 타인을 비방하여 명예를 훼손한 때에는 면책특권을 이유로 보호되지 않는다.

(7). 헌법 제46조
①국회의원은 청렴의 의무가 있다.
②국회의원은 국가이익을 우선하여 양심에 따라 직무를 행한다.
③국회의원은 그 지위를 남용하여 국가·공공단체 또는 기업체와의 계약이나 그 처분에 의하여 재산상의 권리·이익 또는 직위를 취득하거나 타인을 위하여 그 취득을 알선할 수 없다.

국회의원은 헌법상 청렴의 의무, 국가이익 우선의 의
무, 이권개입 금지의 의무, 겸직 금지의 의무를 지니고
있다. 헌재는 국회의원을 비롯한 고위공직자들의 직무
공정성 확보를 위해 공직자윤리법에 도입된 '주식 백지
신탁제'는 국회의원의 재산권을 침해한다고 볼 수 없다
고 명시하였다.

(8). 헌법 제 47조

①국회의 정기회는 법률이 정하는 바에 의하여 매년
1회 집회되며, 국회의 임시회는 대통령 또는 국회재적
의원 4분의 1 이상의 요구에 의하여 집회된다.

②정기회의 회기는 100일을, 임시회의 회기는 30일
을 초과할 수 없다.

③대통령이 임시회의 집회를 요구할 때에는 기간과
집회요구의 이유를 명시하여야 한다.

따로 할 말이 없다. 있는 그대로의 내용이다. 정기회
는 매년 1회, 임시회는 재적의원1/4 이상 찬성해야 열
린다. 대통령이 그들을 모이라고 하려면 이유를 명시해
야 한다. 흔히 헌법 제47조부터 제53조까지를 국회의
회의와 의사결정에 관한 내용으로 본다. 있는 그대로의

내용이 전부라, 딱히 설명할 말이 있을지 모르겠다.

(9). 헌법 제48조
국회는 의장 1인과 부의장 2인을 선출한다.

국회 구성과 관련되어있는 조항이다. 헌법 제42조에 덧붙여 보는 것이 편하다.

(10). 헌법 제49조
국회는 헌법 또는 법률에 특별한 규정이 없는 한 재적의원 과반수의 출석과 출석의원 과반수의 찬성으로 의결한다. 가부동수인 때에는 부결된 것으로 본다.

국회 의결의 원칙에 관한 조항이다. 의사정족수와 의결정족수가 있는데, 일단 정족수라는 게 뭔지부터 살펴보자. 정족수는 다수의 사람으로 구성되는 회의에서 회의를 진행하고 의사를 결정하는 데 필요한 출석자의 수를 말한다. 의사정족수는 본회의, 위원회 개회에 필요한 최소한의 출석위원 수를 말한다. 의결정족수는 안건을 의결하는 데 최소한의 찬성 의원 수를 말한다. 일반적으로는 재적의원 과반수 출석과 출석의원 과반수 찬성이다. 의사정족수 요건은 점차 완화되는 추세다.

정족수 미달로 회의가 열리지 않거나 중지되는 상황을 막기 위해서다.

(11). 헌법 제50조

①국회의 회의는 공개한다. 다만, 출석의원 과반수의 찬성이 있거나 의장이 국가의 안전보장을 위하여 필요하다고 인정할 때에는 공개하지 아니할 수 있다.

②공개하지 아니한 회의내용의 공표에 관하여는 법률이 정하는 바에 의한다.

의사공개의원칙에 관한 조항이다. 의사 공개의 원칙을 지키는 이유는 뭘까? 국민의 의사가 제대로 반영되고 있는지 확인하기 위해서다. 방청의 자유, 개인 의사에 대한 보도의 자유, 국회의사록 공표나 배부의 자유는 의사공개의원칙 하에 이루어지는 것이다. 단, 의사공개의원칙도 제한받을 수 있다. 국회의장의 제의로 본회의 의결이 있는 경우, 의원 10인 이상의 연서에 의한 동의로 본회의의 의결이 있는 경우, 국회의장이 각교섭단체 대표와 협의하여 국가의 안전보장을 위해 필요하다고 인정한 때 제한받을 수 있다.

(12). 헌법 제51조

국회에 제출된 법률안 기타의 의안은 회기 중에 의결되지 못한 이유로 폐기되지 아니한다. 다만, 국회의원의 임기가 만료된 때에는 그러하지 아니하다.

이 조항은 회기 계속의 원칙을 말하는 것이다. 회기 중에 의결되지 못한 안건도 다음 회기에 계속 심의할 수 있다는 얘기다. 즉 개회 중에는 일체성과 동일성을 가진다고 볼 수 있다. 단, 국회의원의 임기가 종료되어 교체된 경우엔 어떨까? 그러면 회기 계속의 원칙을 적용하기 어렵다. 그 사람이 없으니 뭘 할 수 있을까. 이 경우 예외적으로 회기불계속을 채택한다.

(13). 헌법 제52조
국회의원과 정부는 법률안을 제출할 수 있다.

앞서 국회의 법률안 제출권 이야기를 했다. 그럼 정부는 어떨까? 정부는 정부 담당 부서에서 초안을 짠다. 그리고 입법 예고를 한다. 규제위에서 심의를 한다. 그 다음 정부에서 원안을 확정 짓고 법제처에서 심사를 받는다. 국무회의를 거쳐 대통령의 재가를 받아 법률안으로 확정된다. 뭐가 긴 순서 같지만, 머릿속에 떠올려보고 찬찬히 떠올리며 순서를 그려보면 상식적인 순서다.

(14). 헌법 제53조

①국회에서 의결된 법률안은 정부에 이송되어 15일 이내에 대통령이 공포한다.

②법률안에 이의가 있을 때에는 대통령은 제1항의 기간내에 이의서를 붙여 국회로 환부하고, 그 재의를 요구할 수 있다. 국회의 폐회 중에도 또한 같다.

③대통령은 법률안의 일부에 대하여 또는 법률안을 수정하여 재의를 요구할 수 없다.

④재의의 요구가 있을 때에는 국회는 재의에 붙이고, 재적의원 과반수의 출석과 출석의원 3분의 2 이상의 찬성으로 전과 같은 의결을 하면 그 법률안은 법률로서 확정된다.

⑤대통령이 제1항의 기간 내에 공포나 재의의 요구를 하지 아니한 때에도 그 법률안은 법률로서 확정된다.

⑥대통령은 제4항과 제5항의 규정에 의하여 확정된 법률을 지체없이 공포하여야 한다. 제5항에 의하여 법률이 확정된 후 또는 제4항에 의한 확정법률이 정부에 이송된 후 5일 이내에 대통령이 공포하지 아니할 때에는 국회의장이 이를 공포한다.

⑦법률은 특별한 규정이 없는 한 공포한 날로부터 20일을 경과함으로써 효력을 발생한다.

제1항과 제3항은 대통령의 법률안 공포권과 법률안 거부권을 명시한 조항이다. 법률안 공포권은 으레 그렇듯 국왕의 법률안 재가권에서 유래된 것이다. 반면 법률안 거부권은 정부의 국회 견제 장치로서 국회 의결의 법률안에 대하여 이의를 제기하고 의회에 그 재의를 요구하는 것이다. 일부만 받고, 일부만 거절하는 건 인정되지 않는다.

제2항을 보자. 여기에서는 법률안 거부권 행사의 요건과 절차를 명시해놓고 있다. 거부권 행사 대상은 국회에서 통과한 법률안이다. 그럼 사유는 무엇일까? 해당 법률안에 이의가 있다는 것으로 거부권 행사 사유는 충족된다. 여기에는 경제적, 법적, 정치적 이유 등 다양한 사유들이 포함된다. 거부권을 행사하면 국회로 15일 이내에 발송해야 한다. 아, 만약 다시 생각해보니 아니다 싶으면 거부권 철회도 가능하다.

제4항과 제5항은 법률의 확정을 말하는 것이다. 제4항에서 법률로 확정하는 데 필요한 정족수를 명시해놓

앉다. 그리고 대통령이 공포하지 않을 때도 법률로 확정된다는 내용이 제5항에 나와 있다. 이 경우 법률로서 내용이 확정되어 해당 내용의 변경이 불가해진다. 확정된 법률의 효력은 일정한 기간(20일)이 지나야 발생한다.

제6항과 제7항은 대통령의 법률안 공포에 관한 내용을 담고 있다. 만약 대통령이 안 하면 국회의장이 대신한다. 딱히 공포하지 않아도 법률은 효력을 가지지만 공포를 하는 이유는 무엇일까? 국민이 법률의 내용을 알 수 있도록 하기 위함이다.

헌법 제54조부터 59조까지는 재정에 관한 권한이다. 내용은 헌법에 작성되어 있으니 한 번에 설명하는 것이 좋겠다.

(15). 헌법 제54조
①국회는 국가의 예산안을 심의·확정한다.
②정부는 회계연도마다 예산안을 편성하여 회계연도 개시 90일 전까지 국회에 제출하고, 국회는 회계연도 개시 30일 전까지 이를 의결하여야 한다.
③새로운 회계연도가 개시될 때까지 예산안이 의결

되지 못한 때에는 정부는 국회에서 예산안이 의결될 때까지 다음의 목적을 위한 경비는 전년도 예산에 준하여 집행할 수 있다.

1. 헌법이나 법률에 의하여 설치된 기관 또는 시설의 유지·운영
2. 법률상 지출의무의 이행
3. 이미 예산으로 승인된 사업의 계속

(16). 헌법 제55조

①한 회계연도를 넘어 계속하여 지출할 필요가 있을 때에는 정부는 연한을 정하여 계속비로서 국회의 의결을 얻어야 한다.

②예비비는 총액으로 국회의 의결을 얻어야 한다. 예비비의 지출은 차기국회의 승인을 얻어야 한다.

(17). 헌법 제56조

정부는 예산에 변경을 가할 필요가 있을 때에는 추가경정예산안을 편성하여 국회에 제출할 수 있다.

(18). 헌법 제57조

국회는 정부의 동의 없이 정부가 제출한 지출예산 각항의 금액을 증가하거나 새 비목을 설치할 수 없다.

(19). 헌법 제58조

국채를 모집하거나 예산 외에 국가의 부담이 될 계약을 체결하려 할 때에는 정부는 미리 국회의 의결을 얻어야 한다.

(20). 헌법 제59조

조세의 종목과 세율은 법률로 정한다.

국회의 재정에 관한 권한은 재원을 조달하는 재정 권력 작용, 조달된 재원을 관리하고 운영하는 재정관리 작용, 집행된 재정을 감독하고 심사하는 재정심사·감독 작용으로 분류할 수 있다. 대표적 재정 권력 작용으로는 '조세'가 있고. 재정관리 작용으로는 '예산'이 있으며, 재정심사·감독 작용으로는 '결산'이 있다.

조세부터 살펴보자. 우리나라는 헌법 제59조에서 조세법률주의를 채택하고 있음을 명시하고 있다. 이는 국민의 대표인 의회가 만든 법률로 조세가 부과되고 징수되는 걸 말한다. 이것은 절대군주 시절의 자의적 과세에 대항하여 납세자인 국민이 조세 부담에 관한 자기 결정권을 획득하는 과정에서 만들어진 원칙이다.

조세법률주의는 과세요건 법정주의와 과세요건 평등주의를 내용으로 한다. 전자는 과세의 모든 요건을 법률로 정해야 한다는 걸 말하고, 후자는 조세 부담이 대상자에 따라 공평해야 함을 말한다. 납세자의 조세 부담은 납세자의 담세능력에 따라 정해져야 한다. 이를 어려운 말로 '응능과세'라고 한다. 과세요건은 소급적용되지 않는다. 새로운 입법으로 과거에 소급하여 과세하거나 이미 납세의무가 존재하는 때에도 소급하여 중과세하는 건 위헌이다.

이번에는 예산을 보자. 예산이라는 건, 1회계연도에 있어서 국가의 세입, 세출의 예산준칙을 정한 것으로 국회의 의결로 성립되는 법규범의 일종이다. 예산은 정치적 공동체의 중요한 문제를 결정하고 좌우하며 국가의 방향과 모든 정책을 결정한다. 또한, 예산을 계획함으로써 국가를 합리적으로 경영하게 하는 기초가 된다. 예산은 국가 발전목표나 방향, 속도를 결정하는 지표로 볼 수 있기에 예산을 어디에 어느 정도 투입할 것인지는 국민경제에 결정적 영향을 미친다.

예산은 정부 행위를 규제하는 법규범이므로 법률과

는 양립되는 국법의 한 가지 형식이라고 볼 수 있다. 다만, 예산이 법률과 다른 점은 예산은 1회계연도 내에서만 효력이 있으나 법률은 개폐될 때까지 유효하고 예산은 국가기관만 구속하지만, 법률은 국가기관은 물론 국민도 구속하며 예산에 대해서는 대통령이 거부권을 행사할 수 없으나 법률에 대해서는 가능하다는 차이점이 있다.

예산은 꽤 복잡하다. 총칙부터 계속비, 명시이월비, 국고채무부담행위 등 몇 개 내용이 있다. 우리 헌법에서는 제55조 제1항에서 계속비를, 제2항 예비비를 명시하고 있다. 계속비는 여러 연도에 걸치는 대규모 사업에 대한 경비총액을 미리 일괄하여 국회 의결을 얻고 그 범위 안에서 수년에 걸쳐 지출할 수 있는 경비를 말한다. 예비비는 예측하기 어려운 예산 외 지출이나 예산초과 지출에 충당하기 위해 예산에 계상되는 경비를 말한다.

이번에는 결산과 심사를 보자. 결산이라는 건 예산의 집행실적을 표시한 확정된 계수를 말하며 결산 심사란 예산집행의 당부를 검토하는 걸 말한다. 결산 심사는 예산의 집행실적을 확인하고 예산집행의 적정, 적법 여부를 평가함으로써 예산집행자인 정부의 책임을 분명히 하고 사업 성과를 평가하여, 이어지는 재정계획과 예산편성에 도움을 주기 위함이다.

결산 심사는 예산이 본래 의도대로 적법하고 타당하게 집행되었는가를 확인하고 이를 최종적으로 확정한다는 데 일차적 의의가 있지만, 이게 전부는 아니다. 위법하고 부당한 예산집행에 대해서는 책임을 추궁하고 시정을 요구할 수 있으며 결산 심사결과가 다음 연도 예산책정에 반영될 수 있어야 한다. 이렇듯, 결산 심사에 대한 철저한 감시와 분석, 평가가 이루어지지 않고는 올바른 예산편성이 이루어지기 어렵다. 결산 심사가 형식적 행위에 머물러서는 안 되는 이유이다.

마지막으로, 기채동의권을 잠깐 짚고 넘어가야겠다. 헌법 제58조의 내용이다. 국채는 정부가 재정적자를 보전 또는 일시적인 국고 부족 자금의 조달을 위하여 발행하는 유가증권을 말한다. 국채발행은 국민에게 또 다른 부담을 주는 것이기에 헌법은 정부가 국채를 모집하고자 할 때 국회의 의결을 얻도록 하고 있다. 국회는 예산 외에 국가의 부담이 될 계약 체결에 대한 동의권을 갖고 있다.

(21). 헌법 제60조

①국회는 상호원조 또는 안전보장에 관한 조약, 중요한 국제조직에 관한 조약, 우호통상항해조약, 주권의 제약에 관한 조약, 강화조약, 국가나 국민에게 중대한 재정적 부담을 지우는 조약 또는 입법사항에 관한 조약의 체결·비준에 대한 동의권을 가진다.

②국회는 선전포고, 국군의 외국에의 파견 또는 외국 군대의 대한민국 영역 안에서의 주류에 대한 동의권을 가진다.

조약은 국가 간 문서에 합의하는 것을 말한다. 중요한 조약의 체결은 국회의 비준을 받아야 한다. 그런데 행정부가 비준받기를 원할까? 솔직히 번거롭고 시비에 휘말릴 우려가 커서 싫어한다. 그래도 국회는 악착같이 비준하게 들고 오라고 요구해야 한다. 왜냐하면, 대통령의 자의적 대표권 행사를 민주적으로 통제하고, 해당 조약에 대하여 국민적 합의를 형성할 수 있기 때문이다.

(22). 헌법 제61조

①국회는 국정을 감사하거나 특정한 국정사안에 대

하여 조사할 수 있으며, 이에 필요한 서류의 제출 또는 증인의 출석과 증언이나 의견의 진술을 요구할 수 있다.

②국정감사 및 조사에 관한 절차 기타 필요한 사항은 법률로 정한다.

국정조사권이란 국회가 입법, 재정, 국정 통제 등을 위해 특정의 국정 사안을 조사할 수 있는 권한을 말한다. 국정감사권이란 국회가 국정 전반을 전반적으로 조사하는 권한을 말한다. 국정감사 제도는 외국에선 찾기 힘든 제도지만 국정조사권은 의회민주주의 실현을 위한 방법으로써 모든 국가에서 인정되고 있다.

국정감사는 정기회 집회일 이전에 감사 시작일부터 30일 이내의 기간을 정하여 감사한다. 반면, 국정조사는 시기와 기간을 미리 정할 수 없다. 국정감사는 상임위별로 실시하지만, 국정조사는 재적의원 1/4 이상 요구가 있으면 특별위원회 혹은 상임위가 특정 사안에 관하여 조사를 실시한다.

(23). 헌법 제62조
①국무총리 · 국무위원 또는 정부위원은 국회나 그

위원회에 출석하여 국정처리상황을 보고하거나 의견을 진술하고 질문에 응답할 수 있다.

②국회나 그 위원회의 요구가 있을 때에는 국무총리·국무위원 또는 정부위원은 출석·답변하여야 하며, 국무총리 또는 국무위원이 출석요구를 받은 때에는 국무위원 또는 정부위원으로 하여금 출석·답변하게 할 수 있다.

국회나 위원회는 국무총리와 국무위원 및 정부위원에 대하여 국정 전반에 걸쳐 질문할 수 있다. 이걸 '대정부 질문'이라고 한다. 혹은 현안, 즉 지금 중요한 사안에 대하여 질문을 할 수 있다. 이걸 '긴급현안 질문'이라고 한다. 국회는 국민의 대표로서 국가기관에 대하여 국정 전반에 관한 처리상황과 장래의 방침에 대하여 설명을 요구하거나 소견을 물을 수 있기 때문이다. 질문하거나 안건심의를 위하여 필요한 때에는 국무총리나 국무위원, 정부위원의 출석을 요구할 수 있다. 출석요구는 20인 이상의 국회의원이 발의하여 본회의의 의결을 얻거나 위원회의 의결로 한다.

(24). 헌법 제63조
①국회는 국무총리 또는 국무위원의 해임을 대통령

에게 건의할 수 있다.

②제1항의 해임건의는 국회재적의원 3분의 1 이상의 발의에 의하여 국회재적의원 과반수의 찬성이 있어야 한다.

해임건의권에 관한 규정이다. 해임건의란 국무위원이나 국무총리의 직무능력이나 사생활 등에 문제가 생긴 경우, 국회가 대통령에게 해임을 건의하는 제도를 말하는데 대통령제에서는 이례적이다. 해임건의 사유는 위헌적 집무집행, 정책적 무능력, 사생활 문란 등으로 해당 직책을 수행할 능력이 없다고 판단된 경우 등이 있다. 해임건의 사유는 탄핵소추 사유보다 포괄적이다. 주의해야 할 점은, 해임건의는 대통령을 구속하지는 않는다는 것이다. 그러나 해임건의가 의결되면 대통령은 정치적으로 해임건의의 구속력에서 벗어나기 어려워진다.

(25). 헌법 제64조

①국회는 법률에 저촉되지 아니하는 범위 안에서 의사와 내부규율에 관한 규칙을 제정할 수 있다.

②국회는 의원의 자격을 심사하며, 의원을 징계할 수 있다.

③의원을 제명하려면 국회재적의원 3분의 2 이상의 찬성이 있어야 한다.

④제2항과 제3항의 처분에 대하여는 법원에 제소할 수 없다.

국회의 자율권에 관한 내용이다. 국회의 자율권이라는 말은 국회가 의사와 내부 문제에 관해서 자율적으로 결정할 수 있는 권한을 말한다. 국회의 자율권은 국회의 기능 독립을 가능하게 하며 국회의 자치를 확보하여 준다.

한편, 국회는 의원 신분에 관하여 일정한 권한을 가진다. 국회는 의원의 자격을 심사하며 징계할 수 있다. 자격심사란 의원 자격 유무에 대한 국회의 심사절차를 말한다. 국회법이 인정하고 있는 징계로는 공개회의에서 경고, 사과, 30일 또는 90일 이내 출석 정지, 제명. 이렇게 네 가지가 있다. 국회의원에 대한 자격심사나 징계처분에 대해서는 법원에 사법심사를 구할 수 없다는 희한한 특징이 있기도 하다. 정리하자면, 헌법 제64조는 규칙제정권을 보장해주는 것도, 국회 의사와 내부 규율에 관한 사항을 정한 것으로, 법률보다는 하위에 있는 규범을 말한다.

(26). 헌법 제65조

①대통령 · 국무총리 · 국무위원 · 행정각부의 장 · 헌법재판소 재판관 · 법관 · 중앙선거관리위원회 위원 · 감사원장 · 감사위원 기타 법률이 정한 공무원이 그 직무집행에 있어서 헌법이나 법률을 위배한 때에는 국회는 탄핵의 소추를 의결할 수 있다.

②제1항의 탄핵소추는 국회재적의원 3분의 1 이상의 발의가 있어야 하며, 그 의결은 국회재적의원 과반수의 찬성이 있어야 한다. 다만, 대통령에 대한 탄핵소추는 국회재적의원 과반수의 발의와 국회재적의원 3분의 2 이상의 찬성이 있어야 한다.

③탄핵소추의 의결을 받은 자는 탄핵심판이 있을 때까지 그 권한행사가 정지된다.

④탄핵결정은 공직으로부터 파면함에 그친다. 그러나, 이에 의하여 민사상이나 형사상의 책임이 면제되지는 아니한다.

탄핵이란 일반적 사법절차에 의해서는 책임을 추궁하기 어려운 고위공무원의 직무상 위법, 위헌행위를 의회가 소추하는 제도를 말한다. 탄핵소추 기관은 국회가 된다. 우리 헌법에서는 탄핵을 소추와 심판으로 나누어 소추는 국회, 심판은 헌법재판소의 권한으로 하였다.

탄핵소추 사유는 직무집행이 위헌 또는 위법이어야 한다. 사생활이나 취임 전, 후 행위는 사유가 될 수 없다. 정치적 무능력, 정책적 잘못, 부도덕 등도 해임건의 사유는 되어도 탄핵 사유는 될 수 없다. 여기까지가, 우리 헌법 통치구조 중 국회의 대략적인 내용이다.

Ⅷ.통치구조론(헌법 제66조 ~ 헌법 제100조)

　앞서 제3장 국회를 살펴보았다. 이번에는 제4장 정부이다. 정부는 두 개의 절로 되어있다. 제1절은 대통령이고 제2절은 행정부이다. 구체적으로, 제66조부터 제85조까지는 제1절, 즉 대통령에 관한 내용이고, 제86조부터 제100조까지는 행정부에 관한 내용이다. 제2절은 4개의 관으로 되어있다. 제1관은 국무총리와 국무위원, 제2관은 국무회의, 제3관은 행정 각 부, 제4관은 감사원이다. 뜬금없이 제66조부터 제100조까지 무더기로 다룬다. 생각을 할 수 있겠다. 하지만 통치구조론상 의회, 정부, 법원. 이렇게 세 덩어리로 다루려고 한다. 정부에 관한 내용이 엄청 많을 것 같지만 사실은 그렇지도 않을 것이다. 왜냐, 짧게 짧게 설명할 생각이니까 그렇다. 그럼 시작해보자.

　(1). 헌법 제66조
　①대통령은 국가의 원수이며, 외국에 대하여 국가를 대표한다.
　②대통령은 국가의 독립·영토의 보전·국가의 계속성과 헌법을 수호할 책무를 진다.
　③대통령은 조국의 평화적 통일을 위한 성실한 의무

를 진다.

④행정권은 대통령을 수반으로 하는 정부에 속한다.

제1항에서 국가원수라는 말이 나온다. 국가원수라는 건 국가를 상징하고 대표하는 국가기관으로 대외적으로 국가를 대표하며 대내적으로 전체 국민의 통일성과 전체성을 상징하는 국가기관을 말한다. 대외적으로 국가대표는 대통령만 될 수 있으나 대내적 국민대표는 국회도 대표기관이라고 할 수 있다. 다만, 국민의 대표기관의 지위에 있어서 대통령과 국회는 그 성격을 달리한다. 대통령이 전체적 국가이익과 국가적 통일을 대표한다면 국회는 국민의 다원적 집단이익과 개별적 이해를 대표하기 때문이다.

대통령은 국가와 헌법을 수호하는 지위를 지닌다. 대통령은 국가 독립, 영토 보존과 함께 헌법을 수호할 책임을 진다. 그래서 대통령에게는 계엄선포권, 긴급재경처분 및 명령권, 국군통수권, 긴급명령권을 준다.

한편, 대통령은 행정부 수반이기도 하다. 제4항의 내용이다. 행정부 수반이라는 건 대통령이 행정부를 조직하고 편성하며 집행에 있어 최고책임자임을 나타낸다.

행정부 수반의 지위는 입법부나 사법부의 수반과 동등한 수평적 지위이다. 대통령은 행정부 수반으로서 행정작용에 대한 정부의 최고책임자다. 따라서 행정에 관한 최종 결정권과 집행권을 가지며 행정부의 모든 구성원을 지휘하고 감독할 수 있다. 다만, 최고책임자라 하더라도 그 권한 행사는 헌법과 법률이 정한 절차에 따라 이루어져야만 할 것이다.

(2). 헌법 제67조

①대통령은 국민의 보통·평등·직접·비밀선거에 의하여 선출한다.

②제1항의 선거에 있어서 최고득표자가 2인 이상인 때에는 국회의 재적의원 과반수가 출석한 공개회의에서 다수표를 얻은 자를 당선자로 한다.

③대통령후보자가 1인일 때에는 그 득표수가 선거권자 총수의 3분의 1 이상이 아니면 대통령으로 당선될 수 없다.

④대통령으로 선거될 수 있는 자는 국회의원의 피선거권이 있고 선거일 현재 40세에 달하여야 한다.

⑤대통령의 선거에 관한 사항은 법률로 정한다.

(3). 헌법 제68조

①대통령의 임기가 만료되는 때에는 임기만료 70일 내지 40일 전에 후임자를 선거한다.

②대통령이 궐위된 때 또는 대통령 당선자가 사망하거나 판결 기타의 사유로 그 자격을 상실한 때에는 60일 이내에 후임자를 선거한다.

제67조와 제68조를 함께 보는 것이 좋을 것 같다. 일단, 우리나라는 보통, 평등, 직접, 비밀선거로 국민이 선출한다. 1972년 유신헌법부터 1987년 제5공화국이 끝나기 전까지 오랜 기간 대통령이 간접 선거로 선출되어왔다. 이 기간 동안 국민의 의사는 상당히 왜곡될 수밖에 없었다. 1987년 6월 항쟁 이후 간선제에서 직선제로 변하게 되었다. 민주주의로 한 걸음 더 내딛게 된 것이다.

대통령으로 입후보하려면 선거일 기준 40세에 달하여야 하며, 5년 이상 국내에 거주해야 한다. 입후보자는 중앙선관위에 3억 원을 기탁해야 하며 무소속 후보자는 5개 이상 시, 도에서 각 500인 이상이 기명, 날인한 추천장을 첨부해야 한다. 왠지, 3억 내는 게 편할 것 같다. 하여튼. 대통령 선거일은 임기만료에 의한 경우 만료일 전 70일 이후 첫 번째 수요일에 실시한다.

궐위된 때에는 60일 이내에 후임자를 선거한다. 중앙선
관위는 유효투표의 다수를 얻은 자를 당선인으로 결정
하고 당선인이 결정된 때에는 당선인에게 당선증을 교
부한다.

당선인을 보좌하여 대통령직의 인수와 관련된 업무
를 담당하기 위해 대통령직인수위원회를 설치한다. 위
원회는 정부의 조직과 기능, 예산 및 현황 파악, 새 정
책 기조를 위한 밑 작업 등 인수에 필요한 업무를 수
행한다.

(4). 헌법 제 69조

대통령은 취임에 즈음하여 다음의 선서를 한다.

"나는 헌법을 준수하고 국가를 보위하며 조국의 평
화적 통일과 국민의 자유와 복리의 증진 및 민족문화
의 창달에 노력하여 대통령으로서의 직책을 성실히 수
행할 것을 국민 앞에 엄숙히 선서합니다."

(5). 헌법 제70조

대통령의 임기는 5년으로 하며, 중임할 수 없다.

대통령의 취임과 책무에 관한 것이니 제69조와 제

70조를 함께 봐도 무방할 듯 하다. 대통령 당선인은 대통령직에 취임함으로써 신분을 획득해 '대통령'이 된다. 취임에 즈음하여 헌법 제69조의 선서를 하게 된다. 어디서 많이 본 내용 아닌가? 아는 만큼 보이는 법이다. 이 내용뿐 아니라 대통령에게는 국가의 독립, 영토보존, 국가의 계속성과 헌법 수호에 대한 책무를 질 것이 함께 명해진다.

대통령 임기는 5년이다. 대통령 적정한 임기를 정하는 것은 쉬운 일이 아니었다. 4년부터 7년까지 모두 경험한 우리나라의 경우, 어중간한 5년이다. 이유는 딱히 없다. 이건 내 생각이 아니라 교수님이 그랬다. 자기도 왜 5년인지 합리적 설명을 내놓을 수 없다고 한다. 미국처럼 4년 중임제로 하면 좋을 것 같은데 왜 안 하는 것인지 모르겠다.

(6). 헌법 제71조

대통령이 궐위되거나 사고로 인하여 직무를 수행할 수 없을 때에는 국무총리, 법률이 정한 국무위원의 순서로 그 권한을 대행한다.

권한대행이라는 건 국가기관 담당자가 사고를 당해

직무수행이 불가능하게 된 때 다른 국가기관 담당자가 대신 직무를 수행하는 걸 말한다. 대통령이 궐위되거나 사고로 인하여 직무수행이 불가할 때 국무총리가 1순위 권한 대행자가 된다. 계속 '궐위'라고 말했는데, 구체적으로 말하면 사망, 탄핵으로 인한 파면, 사임과 같이 대통령이 재위하지 않는 걸 궐위라고 한다. 권한 대행자는 대통령 직무 중 그 수행이 중단되어서는 안 되는 필요 최소한의 직무를 담당한다. 즉 국가의 기본정책을 바꾸거나 고위직 인사를 바꾸는 인사권을 행사할 수 없고 현상 유지에 그쳐야 한다. 60일짜리이기 때문이다.

(7). 헌법 제72조

대통령은 필요하다고 인정할 때에는 외교·국방·통일 기타 국가 안위에 관한 중요정책을 국민 투표에 붙일 수 있다.

이 조항은 대통령의 국민투표부의권을 인정한다는 조항이다. 대통령의 국민투표부의권은 국가 중요정책에 대해 민주적 정당성을 확보하여 주며, 대의제의 한계를 보완해 주는 긍정적인 측면이 있다. 반면, 투표 결과가 선동이나 선전에 좌우되기 쉽다는 점을 고려하면 집권자의 권한을 강화하고 의회의 지위를 격하시키고 견제한다는 부정적 측면을 지닌다고도 할 수 있다.

(8). 헌법 제73조

대통령은 조약을 체결·비준하고, 외교사절을 신임·접수 또는 파견하며, 선전포고와 강화를 한다.

대통령은 국가원수로서 외국에 대하여 국가를 대표한다. 제73조에서 신임이란 우리나라 외교사절에 신임장을 수여하는 것이고, 접수란 외국의 외교사절을 우리나라가 수락하는 것이며, 파견이란 외교사절을 외국에 보내는 것을 말한다. 선전포고란 외국에 대한 전쟁 개시 선언이며 강화란 전쟁 종결을 위한 적국과의 합의를 말한다.

(9). 헌법 제74조

①대통령은 헌법과 법률이 정하는 바에 의하여 국군을 통수한다.
②국군의 조직과 편성은 법률로 정한다.

헌법 제74조에서는 대통령의 국군통수권과 국군의 조직, 편성 법정주의를 규정하고 있다. 국군통수권이란 군대 최고 지휘자로서 군대를 통솔, 지휘할 권한을 말한다. 헌법은 대통령에게 국군통수권을 부여함으로써 대통령이 대한민국 군대인 국군의 최고사령관임을 분명히 하고 있다.

(10). 헌법 제75조

대통령은 법률에서 구체적으로 범위를 정하여 위임받은 사항과 법률을 집행하기 위하여 필요한 사항에 관하여 대통령령을 발할 수 있다.

제75조는 대통령령 발령권을 보장한다는 내용이다. 행정입법이란 행정부가 법률의 위임 또는 법률의 집행을 위해 법을 만드는 걸 말한다. 공동체 유지에 필요한 사항은 의회가 법률로 정하는 것이 기본원칙이지만, 행정 국가화되며 모든 사항을 의회 입법으로 처리하는 것은 불가능하고 부적절하게 되었다. 입법 위임은 비본질적 사항에 대한 입법의 부담을 덜어 줌으로써 의회가 본래 역할에 충실할 수 있게 해 준다는 장점이 있다. 행정입법은 제정자에 따라 대통령령, 총리령, 부령으로 나눌 수 있다. 대통령령은 시행령으로, 총리령과 부령은 시행세칙으로 불린다. 또한, 행정입법은 성질에 따라서 법규명령과 행정명령으로 나눌 수도 있다. 법규

명령은 대외적 구속력을 지닌 명령이며 행정명령은 행정기관 내부에서만 효력을 지니는 명령이다.

(11). 헌법 제76조

①대통령은 내우·외환·천재·지변 또는 중대한 재정·경제상의 위기에 있어서 국가의 안전보장 또는 공공의 안녕질서를 유지하기 위하여 긴급한 조치가 필요하고 국회의 집회를 기다릴 여유가 없을 때에 한하여 최소한으로 필요한 재정·경제상의 처분을 하거나 이에 관하여 법률의 효력을 가지는 명령을 발할 수 있다.

②대통령은 국가의 안위에 관계되는 중대한 교전상태에 있어서 국가를 보위하기 위하여 긴급한 조치가 필요하고 국회의 집회가 불가능한 때에 한하여 법률의 효력을 가지는 명령을 발할 수 있다.

③대통령은 제1항과 제2항의 처분 또는 명령을 한 때에는 지체없이 국회에 보고하여 그 승인을 얻어야 한다.

④제3항의 승인을 얻지 못한 때에는 그 처분 또는 명령은 그때부터 효력을 상실한다. 이 경우 그 명령에 의하여 개정 또는 폐지되었던 법률은 그 명령이 승인을 얻지 못한 때부터 당연히 효력을 회복한다.

⑤대통령은 제3항과 제4항의 사유를 지체없이 공포

하여야 한다.

제76조 제1항에서는 긴급재정·경제처분 및 명령권을
규정하고 있다. 긴급재정·경제처분이라는 건 중대한 재
정상의 위기에서 공공의 안녕질서를 유지하기 위한 긴
급 비상의 처분을 말한다. 긴급경제처분을 한 경우 지
체 없이 국회에 보고하여 그 승인을 얻어야 한다. 만
약, 승인받지 못한다면 그때부터 효력을 잃는다. 제2항
에서는 긴급명령권을 규정하고 있다. 대통령의 긴급명
령은 교전 상태에서 국가를 지키기 위한 목적으로 발
동된다. 그 외에, 이를테면 집권 연장을 위해, 야당 탄
압을 위해서 같은 정치적 목적으로는 발동될 수 없다.
긴급명령은 법률의 효력을 지닌다. 제3항과 제4항은 이
를 보장하는 내용이다.

(12). 헌법 제77조

①대통령은 전시·사변 또는 이에 준하는 국가비상
사태에 있어서 병력으로써 군사상의 필요에 응하거나
공공의 안녕질서를 유지할 필요가 있을 때에는 법률이
정하는 바에 의하여 계엄을 선포할 수 있다.

②계엄은 비상계엄과 경비계엄으로 한다.

③비상계엄이 선포된 때에는 법률이 정하는 바에 의

하여 영장제도, 언론·출판·집회·결사의 자유, 정부나 법원의 권한에 관하여 특별한 조치를 할 수 있다.

④계엄을 선포한 때에는 대통령은 지체없이 국회에 통고하여야 한다.

⑤국회가 재적의원 과반수의 찬성으로 계엄의 해제를 요구한 때에는 대통령은 이를 해제하여야 한다.

계엄이라는 건 전쟁 같은 국가비상사태가 발생한 경우, 병력을 사용하여 극복하려는 긴급의 비상조치를 말한다. 계엄은 한시적인 군정을 가능하게 하고 헌법의 일부 조항을 배제할 수 있다는 점에서 가장 강력한 국가 긴급권이다. 계엄을 집권이나 집권 연장을 위한 목적으로 악용하거나 국가수호를 빙자하여 기본권을 침해하거나 헌법정신을 훼손하는 수단으로 사용해서는 안 된다. 민주주의나 법치주의는 계엄에서도 중단될 수 없고 훼손될 수 없다.

비상계엄은 적과 교전 상태에 있거나 사회질서가 극도로 교란되어 제대로 된 행정을 할 수 없을 때 선포된다. 계엄선포 후에는 지체 없이 국회에 통고하여야 한다. 비상계엄이 선포된 때 영장, 언론·출판·집회·결사의 자유에 대하여 특별한 조치를 할 수 있다. 특별한 조치란 관련 헌법 규정을 일시 정지할 수 있는 것이다. 비상사태가 지나간 이후 평상상태로 회복되거나 국회의원 재적인원 과반수의 찬성으로 해제를 요구할 때에는, 대통령은 지체 없이 계엄을 해제하여야 한다.

(13). 헌법 제78조

대통령은 헌법과 법률이 정하는 바에 의하여 공무원을 임면한다.

(14). 헌법 제79조

①대통령은 법률이 정하는 바에 의하여 사면·감형 또는 복권을 명할 수 있다.

②일반사면을 명하려면 국회의 동의를 얻어야 한다.

③사면·감형 및 복권에 관한 사항은 법률로 정한다.

대통령의 사면권에 관한 내용이다. 사면은 국가원수가 죄를 용서하고 벌을 면하게 하는 것으로, 국경일 또는 경축일을 기념할 때 이루어진다. 사면은 정의와 대립하는 것이 아니며 정의에 앞서는 것도 아니다. 단지 정의를 보강할 뿐이다. 사면은 국가화합의 차원에서 이루어져야 옳다.

사면에는 일반사면과 특별사면이 있다. 일반사면은 범죄를 지정하여 죄를 범한 모든 사람에 대하여 형의 선고를 받지 않은 때에는 공소권을 상실시키며, 형의 선고를 받은 때에는 형의 선고효력을 상실시키는 걸 말한다. 특별사면은 형을 선고받은 자에게 형의 집행을 면제해 주는 것을 말한다. 조금 더 자세히 이야기해서 감형까지 가보자. 감형은 형을 선고받은 자에게 형을 변경하거나 형의 집행을 경감하는 것을 말한다. 하나 더. 복권은 형의 선고로 인하여 법령에 따른 자격이 상실, 정지된 경우 그 상실 정지된 자격을 회복시켜주는 것을 말한다.

(15). 헌법 제80조

대통령은 법률이 정하는 바에 의하여 훈장 기타의 영전을 수여한다.

(16). 헌법 제81조

대통령은 국회에 출석하여 발언하거나 서한으로 의견을 표시할 수 있다.

(17). 헌법 제82조

대통령의 국법상 행위는 문서로써 하며, 이 문서에는 국무총리와 관계 국무위원이 부서한다. 군사에 관한 것도 또한 같다.

(18). 헌법 제83조

대통령은 국무총리·국무위원·행정각부의 장 기타 법률이 정하는 공사의 직을 겸할 수 없다.

헌법 제80조부터 83조까지는 있는 내용 그대로다. 편하게 읽어보자.

(19). 헌법 제84조

대통령은 내란 또는 외환의 죄를 범한 경우를 제외하고는 재직 중 형사상의 소추를 받지 아니한다.

헌법 제84조에서 말하는 건 대통령의 형사상 특권보장이다. 대통령에게 형사상 특권을 인정한 이유는 국가원수의 지위에 대한 훼손을 방지하여 국가의 체면과 권위를 유지하고 대통령이라는 특수한 직책의 원활한 수행을 보장할 필요가 있기 때문이다. 그러나 대통령 스스로 내란 또는 외환의 죄를 범하였으면 특권이 인정되지 않는다.

형사소추란 본래 공소의 제기를 의미하나 대통령의 형사상 특권의 의의를 고려할 때, 여기서 소추란 체포·구속·압수·수색·검증까지 포함되는 것으로 보아야 한다는 의견이 있다. 형사상 특권의 형사책임을 묻지 않는 것이므로 탄핵이나 민사, 행정 책임까지 면제되는 것은 아니다. 재직 중 한 해, 형사소추가 면제되므로 퇴직 후 형사소추는 가능하다. 재직 중 형사소추를 할 수 없는 범죄의 공소시효는 진행이 정지된다고 보아야 한다.

(20). 헌법 제85조

전직 대통령의 신분과 예우에 관하여는 법률로 정한다.

헌법 제85조에서는 전직 대통령의 신분과 예우를 법률로 정하도록 함으로써 전직 대통령에 대하여 일정한 신분보장과 예우를 보장하고 있다. 전직 대통령에게는 연금이 지급되고 기념사업지원, 경호, 교통, 통신, 가료 등의 편의가 제공된다. 그러나 전직 대통령이 재직 중 탄핵당하여 퇴임한 경우, 금고 이상 형을 받은 경우, 형사 처분을 회피 목적으로 외국 정부에 보호를 요청한 경우, 대한민국 국적을 포기한 경우에는 예우하지 않는다. 당연한 얘기다. 갑자기 유승준이 떠오른다. 어쨌든 그런 경우는 예우하지 않는다.

(21). 헌법 제86조

①국무총리는 국회의 동의를 얻어 대통령이 임명한다.

②국무총리는 대통령을 보좌하며, 행정에 관하여 대통령의 명을 받아 행정각부를 통할한다.

③군인은 현역을 면한 후가 아니면 국무총리로 임명될 수 없다.

대통령제 정부 형태에서는 대통령의 권한대행을 위해서 직선의 부통령이 요구되는데, 현행 헌법은 국무총리를 두고 있다. 국무총리는 대통령의 궐위 또는 사고시 권한을 대행하며 행정을 통할한다. 국무총리는 국회의 동의를 얻어 대통령이 임명한다. 군인은 현역을 면한 후가 아니면 국무총리로 임명될 수 없다. 문민주의(대가리는 민간인이 먹는다)현역군인의 정치참여로 인한 군벌정치를 방지하고자 함이다. 국무총리 임명에 국회의 동의를 얻도록 한 것은 국민의 대표인 국회의 동의를 얻도록 함으로써 국무총리직에 조금이나마 민주적 정당성을 부여하고자 함이다.

국무총리도 권한이 있다. 일단, 대통령의 명을 받아 행정 각 부를 통할하고 총리령을 직권으로 발할 수 있다. 또한, 국무위원이나 각부 장관에 대한 임명제청권을 가지며, 국무위원에 대한 해임건의권을 갖는다. 그렇다고 국무총리가 국무위원 전부를 일괄하여 해임을 건의할 수는 없다.

(22). 헌법 제87조

①국무위원은 국무총리의 제청으로 대통령이 임명한다.

②국무위원은 국정에 관하여 대통령을 보좌하며, 국무회의 구성원으로서 국정을 심의한다.

③국무총리는 국무위원의 해임을 대통령에게 건의할 수 있다.

④군인은 현역을 면한 후가 아니면 국무위원으로 임명될 수 없다.

국무위원은 국무회의의 구성원으로 대통령을 보좌하는 지위에 있다. 국무위원은 국무총리의 제청으로 대통령이 임명한다. 군인은 현역을 면하여야 한다. 국무위원의 수는 15인 이상 30인 이하이다. 국무위원은 국무회의의 소집을 요구하고 국무회의에 의안을 제출할 수 있다. 또한, 국무회의에 출석하여 발언할 수 있으며, 대통령의 국법상 행위에 부서(대통령 서명 아래에 서명함)할 권한을 가진다.

(23). 헌법 제88조

①국무회의는 정부의 권한에 속하는 중요한 정책을 심의한다.

②국무회의는 대통령·국무총리와 15인 이상 30인 이하의 국무위원으로 구성한다.

③대통령은 국무회의의 의장이 되고, 국무총리는 부의장이 된다.

국무회의에 관한 규정이다. 헌법은 정부의 권한에 속하는 중요정책을 심의하는 기관으로 국무회의를 두면서 이를 헌법기관으로 하고 있다. 국무회의는 심의기관의 성격을 지니므로 의결기관의 성격을 지니는 의원내각제의 내각이나 건국헌법의 국무원과 구별된다. 국무회의는 대통령과 국무총리, 그리고 15~30인 이하 국무위원으로 구성된다. 대통령은 의장과 국무총리는 부의장이다.

(24). 헌법 제89조

다음 사항은 국무회의의 심의를 거쳐야 한다.

1. 국정의 기본계획과 정부의 일반정책
2. 선전·강화 기타 중요한 대외정책
3. 헌법개정안·국민투표안·조약안·법률안 및 대통령령안
4. 예산안·결산·국유재산처분의 기본계획·국가의 부담이 될 계약 기타 재정에 관한 중요사항
5. 대통령의 긴급명령·긴급재정경제처분 및 명령 또는 계엄과 그 해제
6. 군사에 관한 중요사항
7. 국회의 임시회 집회의 요구
8. 영전수여
9. 사면·감형과 복권
10. 행정각부간의 권한의 획정
11. 정부 안의 권한의 위임 또는 배정에 관한 기본계획
12. 국정처리상황의 평가·분석
13. 행정각부의 중요한 정책의 수립과 조정
14. 정당해산의 제소
15. 정부에 제출 또는 회부된 정부의 정책에 관계되는 청원의 심사

16. 검찰총장 · 합동참모의장 · 각군참모총장 · 국립대
    학교총장 · 대사 기타 법률이 정한 공무원과 국
    영기업체관리자의 임명
17. 기타 대통령 · 국무총리 또는 국무위원이 제출한
    사항

뭐가 엄청 많다. 여기에 열거된 심의사항들은 반드시
국무회의 심의를 거쳐야만 한다. 제17호는 '기타 대통
령, 국무총리 또는 국무위원이 제출한 사항'도 심의사
항에 포함하고 있으므로 실질적으로 국무회의 구성원
이 중요 정책 사항이라고 판단하게 되면 곧 심의 대상
이 될 수 있다. 즉 국무회의의 심의사항에는 사실상 제
한이 없는 것이다.

(25). 헌법 제90조

①국정의 중요한 사항에 관한 대통령의 자문에 응하
기 위하여 국가원로로 구성되는 국가원로자문회의를
둘 수 있다.

②국가원로자문회의의 의장은 직전대통령이 된다. 다
만, 직전대통령이 없을 때에는 대통령이 지명한다.

③국가원로자문회의의 조직 · 직무범위 기타 필요한
사항은 법률로 정한다.

(26). 헌법 제91조

①국가안전보장에 관련되는 대외정책·군사정책과 국내정책의 수립에 관하여 국무회의의 심의에 앞서 대통령의 자문에 응하기 위하여 국가안전보장회의를 둔다.

②국가안전보장회의는 대통령이 주재한다.

③국가안전보장회의의 조직·직무범위 기타 필요한 사항은 법률로 정한다.

대통령의 자문기관에 관한 조항이다. 국가안전보장회의는 필수적 자문기관이고, 다양한 자문기관이 있다. 그중 제90조는 국가원로회의에 관한 내용이다. 필수는 아니다. 다만, 제91조에 나오는 국가안전보장회의는 필수적 자문기관이다. 다만, 여기서 자문하지 않고 대통령이 국무회의에 상정하더라도 위헌은 아니다. 그럼 왜 필수적 기관인 것인 걸까? 의문이다.

(27). 헌법 제92조

①평화통일정책의 수립에 관한 대통령의 자문에 응하기 위하여 민주평화통일자문회의를 둘 수 있다.

②민주평화통일자문회의의 조직·직무범위 기타 필

요한 사항은 법률로 정한다.

통일에 관한 국내외의 여론을 수렴하고 통일에 대한
국민적 합의를 하고 국민적 통일 역량 결집을 목표로
하는 회의이다. 하지만 국가 통일정책을 홍보하는 수준
에 그치는 것이 현실이다. 그런 건 다른 부서에서 더
잘할 것 같다는 생각이 든다. 조금 더 역량을 집중해서
독자적인 자문회의가 되었으면 하는 바람이 있다.

(28). 헌법 제93조

①국민경제의 발전을 위한 중요정책의 수립에 관하
여 대통령의 자문에 응하기 위하여 국민경제자문회의
를 둘 수 있다.

②국민경제자문회의의 조직·직무범위 기타 필요한
사항은 법률로 정한다.

읽어보면 되는 내용이다. 말 그대로, '국민경제자문
회의'라는 게 있고 세부 사항은 법률로 정하고 있구나.
정도만 알아도 무방할 듯하다.

(29). 헌법 제94조

행정각부의 장은 국무위원 중에서 국무총리의 제청

으로 대통령이 임명한다.

행정 각부라는 말은 행정부의 구성단위로써 법률이 정한 사항을 집행하는 중앙행정청을 의미한다. 행정 각부는 대통령 관할 아래 있지만, 단순히 대통령을 보좌하는 기관이 아니라, 하위에 있는 '중앙행정청'이다. 행정 각부는 총 18개로 구성되어 있고, 장관 1명과 차관 1명을 둔다. 장관은 국무위원으로 보하고 차관은 정무직으로 한다.

행정 각부의 장은 국무위원 중에서 국무총리의 제청으로 대통령이 임명한다. 행정 각부의 장을 국무위원 중에서 선출하도록 한 것은 기획과 집행의 통일을 위해서다. 각부 장관은 중앙행정청의 장으로 지방행정의 장을 지휘, 감독하는 권한을 가진다.

(30). 헌법 제95조
국무총리 또는 행정각부의 장은 소관 사무에 관하여 법률이나 대통령령의 위임 또는 직권으로 총리령 또는 부령을 발할 수 있다.

법률에 모든 것을 다 담을 수는 없다. 따라서 법률에는 기본원칙만 두고 상세한 내용은 시행령으로, 더 구체화가 필요하다면 시행규칙으로 맡기는 형식이다. 부령도 헌법개정안이나 조약, 법률과 마찬가지로 일정 절차를 거쳐 관보에 게재하는 방식으로 공포된다.

(31). 헌법 제96조

행정각부의 설치 · 조직과 직무범위는 법률로 정한다.

(32). 헌법 제97조

국가의 세입 · 세출의 결산, 국가 및 법률이 정한 단체의 회계검사와 행정기관 및 공무원의 직무에 관한 감찰을 하기 위하여 대통령 소속하에 감사원을 둔다.

(33). 헌법 제98조

①감사원은 원장을 포함한 5인 이상 11인 이하의 감사위원으로 구성한다.

②원장은 국회의 동의를 얻어 대통령이 임명하고, 그 임기는 4년으로 하며, 1차에 한하여 중임할 수 있다.

③감사위원은 원장의 제청으로 대통령이 임명하고, 그 임기는 4년으로 하며, 1차에 한하여 중임할 수 있다.

(34). 헌법 제99조

감사원은 세입·세출의 결산을 매년 검사하여 대통령과 차년도국회에 그 결과를 보고하여야 한다

(35). 헌법 제100조

감사원의 조직·직무범위·감사위원의 자격·감사대상공무원의 범위 기타 필요한 사항은 법률로 정한다

제97조부터 제100조까지는 감사원에 관한 내용이다. 한 번에 묶어서 보는 것이 좋을 듯하다. 감사원은 감사원장과 감사위원 전원으로 구성된 감사위원 회의에서 업무를 처리하는 합의제 기관이다. 감사원은 감사원장을 포함한 5인 이상 11인 이하의 감사위원으로 구성한다. 감사원장은 국회의 동의를 얻어 대통령이 임명한다. 감사위원은 감사원장의 제청으로 대통령이 임명한다. 감사원장과 감사위원의 임기는 4년이며 한 번 중임할 수 있다. 4년의 감사위원의 임기는 그 기간이 좀 짧은 느낌이 있다. 대통령이 5년인데, 이보다 길어야 정치적 압박 없이 제대로 업무를 볼 수 있지 않을까 싶다. 실제로 영국은 종신, 미국은 15년이다. 임명권자보다 긴 게 맞는 것 같다.

국가재정의 경우 재정이 확보되면 재정이 운영된다. 그리고 재정 평가가 반드시 수반되어야 한다. 재정 평가는 국가의 결산과 회계검사로 이루어진다. 또한, 행정기관의 사무처리가 올바른지 평가하고 공무원의 비리를 없애는 것이 국가의 중요한 문제이다. 국가기관에 대한 회계검사와 직무감찰은 국가재정 낭비를 막고 국가권력의 남용을 통제하여 국가권력의 적법, 적정을 확보함으로써 공공복리를 증대하여 준다. 감사원이 이 역할을 하고 있다.

IX. 통치구조론(헌법 제101조 ~ 헌법 제113조)

(1). 헌법 제101조

①사법권은 법관으로 구성된 법원에 속한다.

②법원은 최고법원인 대법원과 각급법원으로 조직된다.

③법관의 자격은 법률로 정한다.

제101조에서는 사법권의 법원전속을 규정하고 있다. 그럼 사법은 구체적으로 무슨 의미일까? 사법은 법적 분쟁이 있는 경우 독립된 제 3자가 무엇이 법인가를 판단하고 선언하는 국가작용을 말한다. 사법은 법질서를 유지하려는 소극적 작용이란 점에서 법질서의 형성을 위한 적극적 작용인 행정과 구별된다.

법원의 사법권은 민사, 형사, 행정, 일부 헌법재판에 대한 권한을 그 내용으로 한다. 민사재판은 사인 간 생활 관계에서 분쟁을 강제적으로 해결하기 위한 절차이며 형사재판은 법원이 범죄를 인정하고 범인에게 형벌을 과하는 절차다. 행정재판은 법원이 국가와 국민 사이의 행정작용에 관한 분쟁을 해결하기 위한 소송절차다. 법원은 법률의 위헌 여부가 재판의 전제가 된 경우에는 법률의 위헌 여부를 헌재에 제청할 수 있다. 법원은 명령, 규칙의 위헌 여부에 관해서는 독자적 판단권을 가진다.

(2). 헌법 제102조

①대법원에 부를 둘 수 있다.

②대법원에 대법관을 둔다. 다만, 법률이 정하는 바에 의하여 대법관이 아닌 법관을 둘 수 있다.

③대법원과 각급법원의 조직은 법률로 정한다.

대법원은 대법원장과 대법관으로 구성된다. 대법관 수는 대법원장을 포함하여 14인이다. 헌법은 대법원장과 대법관 임명에 국회의 동의를 얻도록 하여 최고법원 구성에 민주적 정당성을 확보하고 있다. 대법관 임명제청을 대법원장이 단독으로 하도록 한 것은 문제의 소지가 있다. 최고 사법기관의 장이 최고 사법기관의 구성원을 임명 제청하는 것은 일반적인 구성 방법이 아니기 때문이다. 대법원은 서울에 있다. 대법원에는 재판을 담당하기 위해 대법관 전원으로 구성된 대법원 전원합의체와 3인 이상의 대법관으로 된 부를 둔다.

(3). 제103조

법관은 헌법과 법률에 의하여 그 양심에 따라 독립하여 심판한다.

법관의 독립은 두 가지가 있다. 직무상 독립과 신분상 독립이다. 법관의 직무상 독립은 법관이 재판에 있어 누구의 지시나 명령에 구속받지 않는 판결의 자유를 말하며, 물적 독립이라고도 한다. 법관의 양심은 법관 개인의 양심이 아니라 법관이라는 직업에 요구되는 직업 수행상의 양심을 말한다. 즉 합리성과 공정성이 전제된 양심인 것이다.

다음은 법관의 신분상 독립이다. 재판을 담당하는 법관을 자격, 임기, 신분을 보장하는 것을 말하며 인적 독립이라고도 말한다. 재판상 독립과 판결의 자유가 확보되기 위해서는 법관에 대한 강력한 신분보장이 선행되어야 한다. 임용 또한 공정하게 이루어져야 한다.

법관들은 법원에 속해있다. 그럼 법원도 독립되어 있어야 한다. 사법권의 독립은 법원이 입법, 행정에서 독립할 때 실현된다. 법원은 먼저 의회로부터 독립해야 한다. 조직과 구성, 운영에 있어 의회의 관여를 받아서는 안 된다. 그다음은 행정으로부터 독립해야 한다. 정부로부터 독립은 사법권 독립의 가장 중요한 내용을 이룬다. 또한, 여론이나 데모와 같은 실력행사에 의하여도 훼손되고 있으므로 이러한 행사로부터도 독립되어야 한다. 재판 자체에 간섭하거나 재판에 영향을 미칠 목적으로 특정 법관에 대한 직접적인 위협은 어떤 사유로도 허락될 수 없다.

(4). 헌법 제104조

①대법원장은 국회의 동의를 얻어 대통령이 임명한다.

②대법관은 대법원장의 제청으로 국회의 동의를 얻어 대통령이 임명한다.

③대법원장과 대법관이 아닌 법관은 대법관회의의 동의를 얻어 대법원장이 임명한다.

(5). 헌법 제105조

①대법원장의 임기는 6년으로 하며, 중임할 수 없다.

②대법관의 임기는 6년으로 하며, 법률이 정하는 바에 의하여 연임할 수 있다.

③대법원장과 대법관이 아닌 법관의 임기는 10년으로 하며, 법률이 정하는 바에 의하여 연임할 수 있다.

④법관의 정년은 법률로 정한다.

대법원장은 대법원의 장이다. 즉 사법부의 대표이다. 대법원장은 대법관회의의 의장이 되고 대법 전원합의 체의 재판장 지위를 가진다. 대법원장 유고 시에는 선임대법관이 그 권한을 대행한다. 대법원장은 국회의 동의를 얻어 대통령이 임명하며, 임기는 6년으로 중임할 수 없다. 정년은 70세이다.

대법원장은 법원 대표이며, 대법관 임명제청권을 갖고 각 급 판사에 대한 임명권과 보직권을 가지며, 헌재의 3인 재판관과 중앙선거관리위원회의 3인 위원 지명권을 가진다. 법원 공무원의 임명권과 사법행정 사무를 총괄할 권한을 가지며, 법원의 조직이나 인사 등 법원 업무에 관한 법률의 제정 및 개정에 대한 의견 제출권을 가진다.

(6). 헌법 제106조

①법관은 탄핵 또는 금고 이상의 형의 선고에 의하지 아니하고는 파면되지 아니하며, 징계처분에 의하지 아니하고는 정직·감봉 기타 불리한 처분을 받지 아니한다.

②법관이 중대한 심신상의 장해로 직무를 수행할 수

없을 때는 법률이 정하는 바에 의하여 퇴직하게 할 수 있다.

있는 그대로의 내용이다. 법관도 공무원이다. 그런데 생각해 볼 점이 있다. 모든 국가공무원은 잘못이 있으면 사표로 마무리되지 않고 처벌이나 징계를 받는다. 퇴직은 그저 결과물일 뿐이다. 그런데 유독 판검사만 잘못이 있으면 사표로 충분하다는 관념이 있다. 정말 이게 사법 정의일까? 잘못한 법관은 그저 옷 벗으면 그만이라는 전근대적 발상으로 충분한 것일까?

(7). 헌법 제107조
①법률이 헌법에 위반되는 여부가 재판의 전제가 된 경우에는 법원은 헌법재판소에 제청하여 그 심판에 의하여 재판한다.

②명령·규칙 또는 처분이 헌법이나 법률에 위반되는 여부가 재판의 전제가 된 경우에는 대법원은 이를 최종적으로 심사할 권한을 가진다.

③재판의 전심절차로서 행정심판을 할 수 있다. 행정심판의 절차는 법률로 정하되, 사법절차가 준용되어야 한다.

제1항을 보자. 위헌법률심판제도를 규정해놓은 것이다. 위헌법률심판이라는 것은 법률의 위헌 여부를 심사하여 위헌인 법률의 효력을 상실시키는 제도를 말한다. 기원은 1803년 미국의 마버리 vs 메디슨 사건에서 찾는다. 위헌법률심판은 헌법의 최고규범성을 지키며, 헌법 질서를 수호하고, 국민의 자유와 권리를 보장하며, 다수의 횡포에 대한 소수 보호의 기능을 담당한다. 위헌법률심판에서 제청 대상이 되는 법률은 유효한 법률이어야 한다. 법률의 위헌 심사기준은 헌법이 된다. 헌재에서는 법률의 위헌 심판에서 본안판단에 들어갈 수 없는 '각하'결정과 본안에 대한 '합헌', '위헌'결정이 있다. 법률을 위헌결정하려면 재판관 6인 이상의 찬성이 필요하다.

위헌결정 외에, 헌법불합치 결정이 존재한다. 이는 법률이 헌법에 위반되는 경우 법률의 효력을 상실시키지 않고 법률이 헌법에 위반된다는 사실만 확정하고 위헌 제거를 입법자에게 요구하는 결정 주문을 말한다. 헌법불합치 결정이 선고되면 불합치 선언된 법률조항은 위헌이지만 형식적으로는 존속하고 법원을 포함하여 모든 국가기관은 불합치 선언된 법률조항의 적용을 중단하고 위헌이 제거된 새로운 법률이 만들어지면 소급하여 적용하게 된다. 헌법불합치 결정은 입법자에게 기한을 정하여 개선 의무를 부과하는데, 이 기한까지 입법이 다시 되지 않으면 불합치 선언된 법률의 효력은 상실된다.

명령이나 규칙이 헌법이나 법률에 위반되는지가 재판의 전제가 된 경우에는 대법원은 이를 최종적으로 심사할 권한을 가진다. 명령, 규칙 심사라는 건 법원이 적용할 명령이나 규칙이 헌법이나 법률에 위반되는지를 심사하고, 위헌, 위법으로 인정된 때에는 명령이나 규칙의 적용을 배제하는 것을 말한다.

명령과 규칙의 심사는 모든 법원이 할 수 있으나 최종적으로 대법원이 행한다. 명령, 규칙이 헌법 또는 법률에 위반된다는 것이 확정된 때에는 대법원은 지체 없이 그 사유를 행정자치부 장관에게 통보하여야 한다. 그러면 장관은 지체없이 관보에 게재해야 한다.

(8). 헌법 제108조
대법원은 법률에 저촉되지 아니하는 범위안에서 소송에 관한 절차, 법원의 내부규율과 사무처리에 관한 규칙을 제정할 수 있다.

제108조는 대법원에 규칙제정권을 보장하는 내용이다. 대법원 규칙이라는 건 사법부 내부의 문제를 스스로 규율할 수 있도록 대법원이 만든 법규범을 말한다. 사법의 독립성과 자주성을 확보하기 위해서는 재판뿐 아니라 사법행정 업무에 관해 법원이 스스로 처리할 수 있도록 하는 것이 바람직하다. 대법원 규칙이 필요한 이유는 바로 이 때문이다.

(9). 헌법 제109조

재판의 심리와 판결은 공개한다. 다만, 심리는 국가의 안전보장 또는 안녕질서를 방해하거나 선량한 풍속을 해할 염려가 있을 때에는 법원의 결정으로 공개하지 아니할 수 있다.

재판공개란 재판의 심리와 판결을 국민에게 공개함을 말한다. 재판을 공개하는 것은 재판을 여론의 감시하에 두어 재판의 공정성을 확보하며 재판에 대한 국민의 신뢰를 확보하는 데 있다.

심리라는 말은 원고-피고가 심문을 받으며 변론하는 것을 말한다. 심판의 합의 과정은 심리가 아니기에 공

개할 필요가 없다. 공개란 소송 당사자와 국민에게 재
판과정에 대한 방청을 허용하는 것을 말한다. 다만, 재
판 심리내용이 국가안보상 비밀로 해야 할 사항이거나
미풍양속에 해를 주는 경우면 일반 국민에게 공개할
필요는 없다. 즉 헌법은 재판공개를 원칙으로 하면서도
심리의 경우 일정한 제한 사항을 두고 있는 것이다.

(10). 헌법 제110조

①군사재판을 관할하기 위하여 특별법원으로서 군사
법원을 둘 수 있다.

②군사법원의 상고심은 대법원에서 관할한다.

③군사법원의 조직·권한 및 재판관의 자격은 법률
로 정한다.

④비상계엄하의 군사재판은 군인·군무원의 범죄나
군사에 관한 간첩죄의 경우와 초병·초소·유독음식물
공급·포로에 관한 죄 중 법률이 정한 경우에 한하여
단심으로 할 수 있다. 다만, 사형을 선고한 경우에는
그러하지 아니하다.

제110조는 군사법원에 관한 조항이다. 군사재판을
관할하기 위해서는 특별법원이 필요하다. 군사법원은
보통군사법원과 고등군사법원으로 구성되어있다. 보통

군사법원에서는 군판사 2명과 심판관 1명을 재판관으로 한다. 고등군사법원에서는 군판사 3명을 재판관으로 한다. 아, 사형과 같은 건 단심으로 끝낼 수 없다.

자 다음은, 헌법재판이다. 헌법재판이라는 게 입에 올리기는 했지만, 구체적으로 무슨 말인지 아는 사람은 의외로 드물다. 헌법적 분쟁이 있을 때 이를 유권적으로 해결함으로써 헌법의 규범적 효력을 지키려는 국가작용을 헌법재판이라고 한다. 헌법재판은 국민의 기본권을 보호하고, 정치 권력을 헌법의 테두리 안에서 작동하게 함으로써 헌법을 실현하고 수호하는 중요한 역할을 담당한다. 헌법재판은 협의로는 위헌법률심판만을 말하지만, 넓게는 탄핵 심판, 권한쟁의심판, 헌법소원심판, 위헌정당해산심판, 선거소송심판을 포괄하는 개념이다.

(11). 헌법 제111조
①헌법재판소는 다음 사항을 관장한다.
1. 법원의 제청에 의한 법률의 위헌여부 심판
2. 탄핵의 심판
3. 정당의 해산 심판
4. 국가기관 상호간, 국가기관과 지방자치단체간 및

지방자치단체 상호간의 권한쟁의에 관한 심판

5. 법률이 정하는 헌법소원에 관한 심판

②헌법재판소는 법관의 자격을 가진 9인의 재판관으로 구성하며, 재판관은 대통령이 임명한다.

③제2항의 재판관중 3인은 국회에서 선출하는 자를, 3인은 대법원장이 지명하는 자를 임명한다.

④헌법재판소의 장은 국회의 동의를 얻어 재판관중에서 대통령이 임명한다.

넓은 의미에서 헌법재판을 살펴보자. 첫째, 위헌법률심판이 있다. 이 말은 법률의 위헌 여부를 심사하여 위헌인 법률의 효력을 상실시키는 제도를 말한다. 기원은 1803년 미국의 마버리 vs 메디슨 사건에서 찾는다. 위헌법률심판은 헌법의 최고규범성을 지키며, 헌법 질서를 수호하고, 국민의 자유와 권리를 보장하며, 다수의 횡포에 대한 소수 보호의 기능을 담당한다. 위헌법률심판에서 제청 대상이 되는 법률은 유효한 법률이어야 한다. 법률의 위헌 심사기준은 헌법이 된다. 헌재에서는 법률의 위헌 심판에서 본안판단에 들어갈 수 없는 '각하' 결정과 본안에 대한 '합헌', '위헌' 결정이 있다. 법률을 위헌결정하려면 재판관 6인 이상의 찬성이 필요하다.

위헌결정 외에, 헌법불합치 결정이 존재한다. 이는 법률이 헌법에 위반되는 경우 법률의 효력을 상실시키지 않고 법률이 헌법에 위반된다는 사실만 확정하고 위헌 제거를 입법자에게 요구하는 결정 주문을 말한다. 헌법불합치 결정이 선고되면 불합치 선언된 법률조항은 위헌이지만 형식적으로는 존속하고 법원을 포함하여 모든 국가기관은 불합치 선언된 법률조항의 적용을 중단하고 위헌이 제거된 새로운 법률이 만들어지면 소급하여 적용하게 된다. 헌법불합치 결정은 입법자에게 기한을 정하여 개선 의무를 부과하는데, 이 기한까지 입법이 다시 되지 않으면 불합치 선언된 법률의 효력은 상실된다.

둘째, 탄핵심판권이 있다. 탄핵이란 일반적 사법절차에 의해서는 책임을 추궁하기 어려운 고위공무원의 직무상 위헌, 위법행위를 의회가 추궁하는 제도다. 탄핵은 소추 절차와 심판 절차로 나누어지는데 소추는 국회의 권한이고 심판은 헌재의 권한이다. 헌재는 탄핵소추가 적법하지 않은 경우에는 각하결정을, 탄핵소추가 이유 없을 때는 기각결정을 한다. 탄핵 심판의 청구가 이유 있는 때에는 재판관 6인의 찬성으로 한다. 탄핵

결정이 있게 되면 피청구인은 결정 선고 시부터 공직에서 파면된다. 2016년 박근혜 전 대통령 탄핵 사건 때문에 사람들의 이목이 탄핵 심판에 몰렸었던 기억이 난다.

셋째, 정당 해산 심판권이다. 정당해산심판권의 제소자는 행정부, 즉 정부다. 여기서 정부란 실질적으로 대통령을 의미한다. 심리는 구두변론에 의하며 변론은 공개한다. 절차는 민사소송에 관한 법령을 준용한다. 헌재는 정당해산심판의 청구를 받은 때에는 청구인의 신청 또는 직권으로 종국 결정의 선고 시까지 피청구인의 활동을 중단하는 결정(가처분)을 할 수 있다. 이 재판에는 재판관 6인 이상의 찬성이 필요하다. 해산 결정이 선고된 때 그 정당은 해산된다. 과거, 통합진보당 해산 재판이 적절한 생생한 예시가 될 수 있을 것 같다.

넷째, 권한쟁의 심판권이다. 권한쟁의심판은 국가기관 상호 간 다툼과 국기가관과 자치단체 간 및 자치단체 상호 간의 권한 다툼을 유권적으로 해결하여 안정된 국가 질서의 유지를 확보하며 정치적 평화와 안정을 확보하려는 헌법재판작용을 말한다. 핵심은 이거다.

재판은 재판인데, 사람끼리 하는 게 아니라 기관, 단체끼리 하는 거다. 권한쟁의심판은 사유가 있음을 안 날로부터 60일 이내, 그 사유가 있는 날부터 180일 이내에 청구하여야 한다. 부작위에 대한 권한쟁의심판은 부작위가 계속되는 한 기간의 제약 없이 언제든지 청구할 수 있다. 권한쟁의심판은 구두변론에 의한다. 헌재는 직권 또는 신청에 의해서 선고 시까지 피청구기관의 처분 효력을 정지하는 가처분 결정을 할 수 있다. 아 참, 결정에는 재판관 과반수의 찬성이 필요하다.

다섯째, 헌법소원심판이다. 헌법소원은 국가의 공권력 행사로부터 기본권이 침해된 경우, 이를 구제하는 기본권 보장수단을 말한다. 헌법소원은 개인의 기본권 구제를 주된 목적으로 하나 헌법을 수호하는 성격을 아울러 지닌다. 헌법소원은 공권력의 행사 혹은 불행사로 기본권이 침해되어야 청구할 수 있다. 또한, 권력적 사실행위도 헌법소원으로 다투어 볼 수 있다. 공권력의 불행사로 인한 기본권 침해는 공권력 주체가 헌법에서 유래하는 작위의무가 있음에도 그 의무를 게을리하여 기본권을 침해한 경우, 헌법소원을 청구할 수 있다.

헌법소원을 청구하기 위해서는 공권력 행사와 기본

권이 침해된 청구인 간에 일정한 법적 관련성이 있어
야 한다. '자신의 기본권을 현재, 그리고 직접' 침해해
야 한다. '자기성'이라는 조건이 있다. 이는 공권력의
행사 또는 불행사로 청구인인 자기가 법적으로 연관되
어 있다는 걸 말한다. 두 번째로 '직접성'도 있다. 기본
권이 직접 침해되어야 한다는 걸 말한다. 세 번째로는
'현재성'이 있다. 기본권이 현재 침해되어야 한다는 것
이다. 구체적으로 말하자면, 단순히 장래에 나타날 수
도 있는 것에 불과한 권리 침해의 우려에 대한 청구는
현재성이 부정된다. 하지만 기본권 침해가 장래에 발생
하더라도 그 침해가 발생할 것이 확실히 예측되는 때
에는 현재성이 인정된다.

헌법소원심판은 3인으로 구성된 지정재판부를 두어
헌법소원을 사전 심사할 수 있다. 각하하거나 재판부에
회부 결정을 한 경우에는 14일 이내에 청구인에게 그
사실을 통지해야 한다. 각하되지 않을 때에는 전원재판
부로 회부된다. 헌법소원의 심판청구가 있고 난 뒤 30
일이 경과 할 때까지 각하결정이 없으면 심판에 회부
하는 결정이 있는 것으로 본다.

헌재는 소원 심판청구가 부적합한 경우 '각하' 결정을

하고, 이유 없는 경우에는 '기각', 혹은 '합헌'결정을 한다. '인용' 결정에는 6인 이상이 필요한데, 이에 미치지 못한 경우에도 합헌이나 기각결정을 한다. 헌재 결정에 대한 불복은 허용되지 않으며 즉시항고 역시 불허된다.

(12). 헌법 제112조

①헌법재판소 재판관의 임기는 6년으로 하며, 법률이 정하는 바에 의하여 연임할 수 있다.

②헌법재판소 재판관은 정당에 가입하거나 정치에 관여할 수 없다.

③헌법재판소 재판관은 탄핵 또는 금고 이상의 형의 선고에 의하지 아니하고는 파면되지 아니한다.

(13). 헌법 제113조

①헌법재판소에서 법률의 위헌결정, 탄핵의 결정, 정당해산의 결정 또는 헌법소원에 관한 인용결정을 할 때에는 재판관 6인 이상의 찬성이 있어야 한다.

②헌법재판소는 법률에 저촉되지 아니하는 범위 안에서 심판에 관한 절차, 내부규율과 사무처리에 관한 규칙을 제정할 수 있다.

③헌법재판소의 조직과 운영 기타 필요한 사항은 법

률로 정한다.

제112조는 구성과 조직에 관한 내용이며 제113조는 결정 방식을 어떻게 할 것인지, 내부 조직 운영을 어떻게 할 것인지에 대한 보장이 주 내용이다. 헌재는 9인의 재판관으로 구성되고, 다들 잘 알다시피 입법, 사법, 행정부에서 3명씩 뽑아온다. 소장은 한 명이며, 헌법재판소장은 헌재를 대표하고 사무를 총괄하며 소속 공무원을 지휘하고 감독한다. 대우는 대법원장에 준한다고 한다.

재판관의 임기는 6년이며 연임할 수 있다. 하지만 정년이 70세라 얼마나 많이 연임해 봐야 몇 번이나 될지는 잘 모르겠다. 재판관은 신분이 보장되고, 탄핵당하거나 금고 이상 형을 받지 않는 이상 계속 헌재에 남을 수 있다. 한편, 헌재 스스로 규칙을 제정할 수 있다는 내용을 명시함으로써 헌재의 독립성과 자주성을 확보해주고 있다.

X. 통치구조론(헌법 제114조 ~ 헌법 제130조)

이번 내용이 통치구조론의 마지막이자, 책 내용의 끝이다. 여기서는 헌법 제114조 이후의 내용, 즉 선거 관리, 지방자치, 경제, 헌법개정을 다루고 부칙이라는 게 무엇인지 간략히 설명하고 마무리해보려 한다.

(1). 헌법 제114조

①선거와 국민투표의 공정한 관리 및 정당에 관한 사무를 처리하기 위하여 선거관리위원회를 둔다.

②중앙선거관리위원회는 대통령이 임명하는 3인, 국회에서 선출하는 3인과 대법원장이 지명하는 3인의 위원으로 구성한다. 위원장은 위원중에서 호선한다.

③위원의 임기는 6년으로 한다.

④위원은 정당에 가입하거나 정치에 관여할 수 없다.

⑤위원은 탄핵 또는 금고 이상의 형의 선고에 의하지 아니하고는 파면되지 아니한다.

⑥중앙선거관리위원회는 법령의 범위 안에서 선거관리·국민투표관리 또는 정당사무에 관한 규칙을 제정할 수 있으며, 법률에 저촉되지 아니하는 범위 안에서 내부규율에 관한 규칙을 제정할 수 있다.

⑦각급 선거관리위원회의 조직·직무범위 기타 필요

한 사항은 법률로 정한다.

선거관리위원회는 선거와 국민 투표의 공정한 관리와 정당에 관한 사무를 처리하는 헌법상 필수적 합의제 독립기관이다. 중앙선관위는 제2공화국 시기에 도입되었으며, 각급 선관위는 제3공화국 때 도입되었다. 즉, 3차 개정헌법에서 직접 선거관리위원회를 규정한 것이라고 볼 수 있다. 이를 독립기관으로 보장한 것은 선거의 공정성을 최대한 보장하기 위함이다.

중앙선관위원은 행정부, 입법부, 사법부에서 3명씩 구성한다. 그러나 선관위원장 호선은 관례상 법관이기에 선거 관리의 중립성과 권력분립 원칙 입장에서 바람직하지 않다고 볼 수 있다.

선관위의 헌법상 지위는 다음과 같다. 첫째, 헌법상 필수기관이다. 헌법개정에 의하지 않고는 폐지할 수 없다. 둘째, 헌법상 독립적 기관이다. 위원의 신분이 보장되고, 대통령일지라도 간섭이 불가하며 위원들의 정당 가입이나 정치관여가 금지된다. 셋째, 합의제 기관이다. 직무에 관한 합의에서는 위원장들과 위원들이 법적으로 동등한 지위에 있다.

중앙선관위는 앞서 살펴보았듯 규칙제정권이 있다. 이는 국민의 권리, 의무와 관계되는 것으로 법규명령의 성격을 지닌다고 볼 수 있다. 한편 내부규율에 관한 규칙은 행정명령이라기보다 행정규칙의 성격을 지닌다고 볼 수 있다.

(2). 헌법 제115조

①각급 선거관리위원회는 선거인명부의 작성 등 선거사무와 국민투표사무에 관하여 관계 행정기관에 필요한 지시를 할 수 있다.

②제1항의 지시를 받은 당해 행정기관은 이에 응하여야 한다.

대부분 국가에서는 선거 관리에 관한 내용은 법률로 규율하고 있다. 그러나 공정선거가 어느 정도 정착되었으므로 법률로 전환해도 무방할 것이다. 엄밀히 말하자면, 이 내용을 헌법사항으로 두되 독립된 장이 아닌 총강 편으로 조정하고 조문을 다듬는 것이 필요하다는 말이다. 하나의 의견일 뿐이니 주의하길 바란다.

(3). 헌법 제116조

①선거운동은 각급 선거관리위원회의 관리하에 법률이 정하는 범위 안에서 하되, 균등한 기회가 보장되어야 한다.

②선거에 관한 경비는 법률이 정하는 경우를 제외하고는 정당 또는 후보자에게 부담시킬 수 없다.

선거운동이라는 건 공직선거에서 특정 후보자를 당선되게 하거나 당선되지 못하게 하는 행위를 말한다. 그래서 선거에 관한 단순 의견 개진이나 의사 표시, 선거 운동을 위한 준비 행위, 통상적 정당 활동은 선거운동으로 보지 않는다. 한편, 선거운동에도 기회균등의 원칙이 있다. 선거운동에 있어서 각 후보자에게 방법상, 시간상, 비용면에서 기회균등이 보장되어야 하고 부당한 차별이 가해져서는 안 된다.

법률이 정하는 범위 안에서 제한이라 하면 구체적으로 다음과 같은 세 가지이다. 첫째, 시간상의 제한이다. 사전선거하면 안 된다는 얘기다. 둘째, 인적 제한이다. 선거운동을 할 수 없는 신분은 제한된다. 가령, 외국인이나 미성년자 등이 이에 해당한다. 셋째, 방법상 제한이다. 선전 벽보의 개수제한, 소형인쇄물의 규격·내용 등의 제한, 현수막, 어깨띠·표찰·수기, 신문·방송 광고, 후보자 등의 방송 연설, 연설·대담, 호별방문 제한, 서명·날인운동의 금지, 여론조사의 결과공표금지, 기부행위의 제한 등 당선인이 당해 선거에서 공직선거법의 규정을 위반함으로써 징역 또는 100만 원 이상의 벌금형 선고를 받은 때, 선거사무장, 선거사무소의 회계책임자, 후보자의 직계존·비속 및 배우자가 당해 선거에서 매수 및 이해유도죄, 당선 무효유도죄, 기부행위의 금지제한 위반죄, 정치자금 부정수수죄를 범함으로 인하여 징역형 또는 300만 원 이상의 벌금형 선고를 받은 때에는 그 후보자의 당선을 무효로 한다.

마지막으로, 기탁금 반환 조건이 있다. 목적은, 선거를 개인적 목적에 악용하거나 진지한 의사 없이 입후보하여 정국이 난립하는 걸 방지하기 위함이며 후보자들을 국고보조의 대상에서 걸러내고, 국가재정의 과도한 지출을 방지하는 데 있다. 하지만 기준이 지나치게 높아 선거 공영제, 엄밀히 말해 비용 공영제. 본래의 정신을 훼손한다는 의견이 있다. 또한, 기득권을 가진 정치인에게는 유리하지만, 신인 정치인에게는 불리하게 작용한다는 비판도 있다. 그렇다고 제한 없이 국고보조를 할 수는 없다. 국민의 조세 부담이 커지기 때문이다.

(4). 헌법 제117조

①지방자치단체는 주민의 복리에 관한 사무를 처리하고 재산을 관리하며, 법령의 범위 안에서 자치에 관한 규정을 제정할 수 있다.

②지방자치단체의 종류는 법률로 정한다.

지방자치는 일정 지역을 기초로 하는 일정한 지역의 주민이나 그 지방적 사무를 자신의 책임하에서 기관을 통해 처리하는 제도를 말한다. 지방행정을 지방자치의 방식으로 처리할 때 그것을 자치행정이라 한다. 지방자치는 민주주의와 지방분권주의를 기초로 하고 주민자치와 단체자치 두 요소로 이루어진다. 우리나라에도 주민자치, 단체자치 결합을 지방자치의 본질로 보는 것이 일반적 경향이다.

(5). 헌법 제118조

①지방자치단체에 의회를 둔다.

②지방의회의 조직·권한·의원선거와 지방자치단체의 장의 선임방법 기타 지방자치단체의 조직과 운영에 관한 사항은 법률로 정한다.

지방자치는 지방행정에 있어서 정당 국가적 경향에서 오는 부작용을 방지하고 지역주민이 지방적 사무를 자신의 의사와 책임하에 처리하게 함으로써 국민을 민주적으로 교육하며 경제, 문화, 사회 등의 정책수행을 분업적으로 수행하게 하려는 데 그 목적이 있다.

지방의회의원의 임기는 4년이며, 지방의회 의원에게는 여러 가지 비용이 지급된다. 지방의회는 심의 의결권을 가지고 있고, 감시권과 자율권도 갖고 있다. 헌법 제 40조, 제47조, 제51조, 제52조를 살펴보면 도움이 될 수 있다. 지자체에는 지자체장이 있다. 지자체장은 지자체의 표현기관으로서 교육, 과학, 기술, 체육, 학예 등에 관한 사무를 제외하고는 일반적으로 당해 지자체를 대표하는 지위에 있다. 또한, 지자체장은 국가의 지방 행정사무를 수임하고 처리하는 한도 내에서는 국가의 지방행정기관의 지위에도 있게 된다. 권한으로는 통할 대표권, 사무 관리 집행권, 행정 감독권, 직원의 임면 및 지휘 감독권, 규칙제정권, 지방의회 의결에 대한 재의 요구권, 조례 공포권, 출장소 등 기관 또는 시설 설치권 등이 있다. 뭔가 많기는 하다.

지자체의 권한은 세 가지가 있다. 첫째, 자치행정권

이다. 지자체는 주민의 복리에 관한 고유 사무를 처리할 수 있는 자치행정권을 가진다. 둘째, 자치 재정권이다. 지자체는 조세를 부과하고 사용료, 수수료, 분담금 등을 징수할 수 있다. 셋째, 자치입법권이다. 지자체는 법령의 범위 안에서 자치에 관한 규정을 제정할 수 있는 자치입법권을 가진다.

(6). 헌법 제119조

①대한민국의 경제질서는 개인과 기업의 경제상의 자유와 창의를 존중함을 기본으로 한다.

②국가는 균형있는 국민경제의 성장 및 안정과 적정한 소득의 분배를 유지하고, 시장의 지배와 경제력의 남용을 방지하며, 경제주체간의 조화를 통한 경제의 민주화를 위하여 경제에 관한 규제와 조정을 할 수 있다.

우리 헌법상 경제 질서의 성격은 사회적 시장경제, 혹은 혼합경제라고도 한다. 자유시장경제질서를 기본으로 하면서도 이에 수반되는 갖가지 모순을 해결하고 사회복지와 사회정의를 실현하기 위해서 국가적 규제와 조정을 용인하는 경제 질서가 우리 경제 질서다.

제2항에서는 경제의 민주화를 이야기한다. 김종인

씨, 유승민 씨가 들으면 아주 좋아할 이야기다. 균형
있는 국민경제의 성장과 안정, 적정한 소득 분배의 유
지를 비롯하여 시장의 지배와 경제력의 남용방지를 골
자로 하는 것이 경제의 민주화이다. 이를 통해 경제주
체 간 조화를 이루어 낼 수 있다. 경제 민주화를 위한
방법으로는 독과점 수단의 규제가 있다. 시장지배적 지
위의 남용을 방지한다던가, 기업결합을 제한한다던가,
부당한 공동행위를 제한한다던가 하는 것들이 그렇다.

가만 보면 제1항과 제2항이 충돌하는 듯 보인다. 그
러나 그렇지 않다. 원칙에 대한 예외의 관계일 뿐이다.

(7). 헌법 제120조

①광물 기타 중요한 지하자원·수산자원·수력과
경제상 이용할 수 있는 자연력은 법률이 정하는 바에
의하여 일정한 기간 그 채취·개발 또는 이용을 특허
할 수 있다.

②국토와 자원은 국가의 보호를 받으며, 국가는 그
균형있는 개발과 이용을 위하여 필요한 계획을 수립한
다.

천연자원은 국민 모두의 공동자산이다. 먹는 샘물 장

사하는 기업 생각보다 세금을 많이 내고 있다. 자세한 건 헌재 판결에 있다. 하여튼, '특허'라는 용어를 보자. 특허는 상대방에게 직접 권리나 법적 지위, 능력, 법률관계를 설정하는 행위이다. 상대방에게 권리나 이익을 새로 설정하는 형성적 행위인 한편 공익을 고려하는 재량행위에 해당한다. 이렇게 해서 뭘 얻을 수 있을까? 상대방에게 새로운 권리와 능력 등의 힘을 발생시키는 효과가 있다.

계획. 필요한 계획은 무엇일까? 경제계획이다. 경제 전반에 대한 총체적 계획이 아니라, 국토나 자원의 이용 및 개발이나 농어촌 개발과 같은 특정한 부분에 대한 계획, 즉 부분적 경제계획을 의미한다. 국토는 한정되어있기에 지속 가능한 발전을 이루어야 한다.

(8). 헌법 제121조

①국가는 농지에 관하여 경자유전의 원칙이 달성될 수 있도록 노력하여야 하며, 농지의 소작제도는 금지된다.

②농업생산성의 제고와 농지의 합리적인 이용을 위하거나 불가피한 사정으로 발생하는 농지의 임대차와 위탁경영은 법률이 정하는 바에 의하여 인정된다.

경자유전이라는 말은 투기적 농지 소유를 막고 식량 자급을 위해서 실제로 농사를 짓는 사람만 농지를 소유할 수 있는 원칙을 말한다. 소작은 농지 소유자가 직접 농사를 짓지 않고 다른 사람에게 소작료를 받고 빌려주는 걸 의미한다. 부재지주는 토지의 소유자가 스스로 토지를 사용하거나 수익하지 않고 타인에게 임대하고 토지의 소재지에 거주하지 않는 지주를 말한다. 이 내용은 세계화된 국제질서와 고도화된 산업 질서를 이유로 경자유전의 원칙은 부적합하므로 폐지되어야 한다는 필요성이 제기되고 있다.

한편, 경제주체 간 조화와 농어민 자조조직의 보호를 추구하는 현행 헌법의 경제 질서에 관한 기본 정신을 고려하여 고질적인 부동산 투기의 사회적 해악의 현실을 고려하여 현재의 경자유전 원칙을 유지해야 한다는 의견이 있다. 조문에 있는 그대로의 내용이라서 용어 설명과 최근 대립하는 견해를 소개하는 것으로 제121조를 끝내버리자.

(9). 헌법 제122조

국가는 국민 모두의 생산 및 생활의 기반이 되는 국

토의 효율적이고 균형 있는 이용·개발과 보전을 위하여 법률이 정하는 바에 의하여 그에 관한 필요한 제한과 의무를 과할 수 있다.

제 122조의 규범적 내용은 한정된 국토를 시장에만 맡겨둘 때 정직한 가격형성과 합리적 거래를 기대하기 어려우므로 국가가 국토의 효율적이고 균형 있는 이용, 개발, 보존을 위해 제한과 의무를 과할 수 있게 한다는 것이다. 여기서 토지 공개념의 원칙이 등장한다. 토지는 소유자가 누구든지 그것이 위치하는 지역에 따라 공공복리를 위해 가장 효율적으로 이용되지 않으면 아니 되며 이를 위해 국가에 의한 철저한 규제가 가해져야 한다는 관념이다.

(10). 헌법 제123조

①국가는 농업 및 어업을 보호·육성하기 위하여 농·어촌종합개발과 그 지원등 필요한 계획을 수립·시행하여야 한다.

②국가는 지역간의 균형있는 발전을 위하여 지역경제를 육성할 의무를 진다.

③국가는 중소기업을 보호·육성하여야 한다.

④국가는 농수산물의 수급균형과 유통구조의 개선에

노력하여 가격안정을 도모함으로써 농·어민의 이익을 보호한다.

⑤국가는 농·어민과 중소기업의 자조조직을 육성하여야 하며, 그 자율적 활동과 발전을 보장한다.

제123조의 목적은 무엇일까? 국가가 보조금이나 세제상의 혜택 등을 통하여 시장 형성과정에서 지역적, 경제부문별로 관여함으로써 시장 경쟁이 국가의 지원조치에 의해 조정된 새로운 기초위에 이루어질 수 있도록 하는 것이다.

국가는 경제성장 과정에서 상대적으로 비수혜업인 농어업을 보호하고 육성하기 위해 농어촌 종합개발을 통한 국가적 지원이나 계획을 수립해야 한다. 한편, 지역 간 격차도 심화하고 있으므로 이러한 지역 간 불균형을 바로잡기 위해 헌법은 지역경제육성의무를 규정하고 있다. 농수산물의 수요와 공급 균형 유지와 건전한 유통구조를 통해 가격안정을 도모함으로써 농어민 경제적 이익을 보호함과 아울러 농수산물의 최종소비자인 전체 국민의 이익을 보호하려는 것이 제4항의 내용이다.

(11). 헌법 제124조

국가는 건전한 소비행위를 계도하고 생산품의 품질 향상을 촉구하기 위한 소비자보호운동을 법률이 정하는 바에 의하여 보장한다.

그렇다고 한다. 그냥 넘어가기 뭐해서 하나만 짚고 넘어가자면, '소비자보호운동'이라는 용어가 눈에 띈다. 이는 공정한 가격으로 양질의 상품 혹은 용역을 적절한 유통구조를 통해 적절한 시기에 안전하게 구입하거나 사용할 소비자의 제반 권익을 증진할 목적으로 이루어지는 구체적 활동을 의미한다. 1980년, 소비자보호운동이 처음 규정되었다. 아, 소비자권리랑 헷갈리면 안 된다. 이때는 아직 명시적 규정이 없었다.

(12). 헌법 제125조

국가는 대외무역을 육성하며, 이를 규제·조정할 수 있다.

대외무역이란 물품이나 서비스 등의 거래가 국경을 넘어 이루어지는 걸 말한다. 국가가 대외무역에 나서는 이유는 국민경제를 위해 국가가 나서 해외로 시장을 확대할 필요가 있기 때문이다. 특히 우리나라는 국토가

협소하고 자원이 부족하기에 경제발전을 위해 대외무역 의존이 필수적이라 볼 수 있다.

(13). 헌법 제126조

국방상 또는 국민경제상 긴절한 필요로 인하여 법률이 정하는 경우를 제외하고는, 사영기업을 국유 또는 공유로 이전하거나 그 경영을 통제 또는 관리할 수 없다.

사영기업을 국·공유화한다는 건 소유권 보유 주체의 변경을 말한다. 이럴 때 헌법 제23조에 따라 정당한 보상을 해야 한다. 다만, 국방상 긴절한 필요가 있으면 당해 사기업을 국, 공유화하지 아니하고는 도저히 국방목적을 달성할 수 없다고 판단되는 경우 엄격히 해석되어야 한다. 가령 이런 거다. 동원참치 공장에서 라인을 조금만 달리하면 무기인 K1을 만들 수 있는 경우. 긴절히 필요해진다. 두 번째로는 국민 경제상 긴절한 필요가 있는 경우다. 해당 사영기업을 국·공유화 하지 않고는 국민경제의 정상적 운영이 곤란한 상황에 해당한다.

(14). 헌법 제127조

①국가는 과학기술의 혁신과 정보 및 인력의 개발을 통하여 국민경제의 발전에 노력하여야 한다.

②국가는 국가표준제도를 확립한다.

③대통령은 제1항의 목적을 달성하기 위하여 필요한 자문기구를 둘 수 있다.

과학기술 발전의 중요성은 누구나 상식적으로 알고 있다. 경제적 측면에서와, 국민 삶의 질 측면, 국가안보 측면, 행정 효율성 등 국가운영 및 국민 생활에 중요한 임무를 수행하는 것이 과학기술 발전이다. 우리나라에는 과학기술기본법이 있다. 과학기술 발전을 위한 정책 추진 의무와 과학기술인의 윤리, 과학기술 기본계획의 수립, 과학기술 연구개발의 추진, 과학기술 투자 및 인력자원 확충, 과학기술기반 강화 및 혁신환경 조성 등이 이 법에 해당한다.

(15). 헌법 제128조

①헌법개정은 국회재적의원 과반수 또는 대통령의 발의로 제안된다.

②대통령의 임기연장 또는 중임변경을 위한 헌법개정은 그 헌법개정 제안 당시의 대통령에 대하여는 효력이 없다.

헌법개정은 필요하다. 헌법 규범과 헌법 현실 간 간격이 벌어져 헌법변천으로도 간격을 해소할 수 없는 상황이 벌어지면 헌법 규범력을 유지하기 위해 헌법개정이 불가피하기 때문이다. 헌법개정에서는 헌법의 안정성을 유지하면서 상황의 변화에 따른 헌법개정을 필요성을 최대한 조화시키는 것이 중요하다.

헌법개정에는 대통령의 발의 혹은 국회 재적의원 과반수의 동의가 필요하다. 대통령이 발의할 때는 국가원수로서 중립적 역할을 지키며 국정운영의 기본 틀 변경에 관한 제안을 할 수 있어야 한다. 헌법개정에 대해서는 효력 규정도 당연히 있다. 대통령 임기연장이나 중임변경을 위한 헌법개정은 가능하되 그 효력을 제한한다. 이를 어려운 말로 인적효력 범위 제한이라고 한다.

(16). 헌법 제129조
제안된 헌법개정안은 대통령이 20일 이상의 기간 이를 공고하여야 한다.

(17). 헌법 제130조

①국회는 헌법개정안이 공고된 날로부터 60일 이내에 의결하여야 하며, 국회의 의결은 재적의원 3분의 2 이상의 찬성을 얻어야 한다.

②헌법개정안은 국회가 의결한 후 30일 이내에 국민투표에 붙여 국회의원선거권자 과반수의 투표와 투표자 과반수의 찬성을 얻어야 한다.

③헌법개정안이 제2항의 찬성을 얻은 때에는 헌법개정은 확정되며, 대통령은 즉시 이를 공포하여야 한다.

두 가지에 관한 내용은 아래 표를 보자. 깔끔하다.

헌법개정의 절차

제안	헌법개정 발의는 국회재적의원과반수 또는 대통령이 한다. 대통령이 헌법개정안을 제안하기 위해서는 국무회의의 심의를 거쳐야 한다.
공고	헌법개정안이 발의되면 대통령은 20일 이상 공고하여야 한다.
국회 의결	공고된 날로부터 60일 이내, 국회 재적의원 2/3 이상의 찬성을 얻는다. 국회 표결은 기명투표로 하며 수정의결은 공고제도에 반하기에 허용되지 않는다.

국민 투표	국회 의결 후 30일 이내에 국민 투표에 부쳐 국회의원선거권자 과반수의 투표와 투표자 과반수의 찬성을 얻어서 확정한다.
공포	대통령은 국민 투표의 결과를 즉시 공포하여야 한다.
발효	발효 시기에 대해서는 헌법상 명문 규정이 없다. 부칙에 특별한 규정이 없는 한 발효 시기에 대하여 '공포시설'과 '20일 경과설'이 대립한다. 현행 헌법은 부칙 제1조에서 "이 헌법은 1988년 2월 25일부터 시행한다."라고 발효 시기를 직접 명시하였다.

헌법개정 불가조항

1. 헌법 전문
2. 헌법 제1조 민주공화국과 국민주권의 원리
3. 헌법 제5조 국제평화주의
4. 헌법 제8조 복수정당제
5. 헌법 제10조 기본권보장주의
6. 헌법 제23조 사유재산제
7. 헌법 제37조 제2항 법치주의
8. 제 3장의 의회주의

9. 헌법 제40조, 제66조 제4항, 제101조 제1항 권력분립의 원리

10. 헌법 제119조 제1항의 시장경제질서 등.

헌법개정의 내용상 한계

실정 법적 한계	헌법이 명문으로 특정 조항이나 특정 사항의 개정을 금지하는 실정법적 한계로, 내용상 제한, 방법상 제한, 시간적 제한 등이 있다. 우리나라는 제2차 개정헌법에서 내용상 제한으로 '국민주권, 민주공화국, 국민투표'에 관한 규정은 개폐할 수 없다고 규정하였다가 이후 제5차 개정헌법에서 삭제된 이후 개정 금지조항을 두고 있지 않음.
헌법 내재 적 한계	헌법개정권력은 헌법제정권력에 의하여 만들어진 권력이기 때문에 헌법제정권력의 근본결단인 헌법핵은 개정할 수 없고, 헌법의 기본적 동일성이 상실될 경우 그것은 헌법상의 '자살'을 의미하는 것이므로 그러한 개정은 법논리적으로 불가능함. 또한, 정치적 일원체의 구성을 위한 가치적 공감대로서 당시의 시대사상이나 정치이념이나 생활감각에 위배되는 헌법개정은 인정될 수 없음. 인간의 존엄과 가치 등 초헌법적 자연법의 원리는 헌법개정권력에 의해서도 개정할 수 없음.

헌법개정절차와 한계를 무시한 헌법개정의 효력	
권한쟁의심판	국회 의결 없이 국민 투표만으로 헌법을 개정한 것은 국회 의결권을 침해하는 것. 대통령의 국민 투표 부의 행위에 대해서 헌법재판소에 권한쟁의심판을 청구할 수 있음. 또한, 야당과 토론 없이 날치기로 개헌안을 통과시킨 경우 야당 국회의원들의 심의/표결권을 침해한 것이므로 이에 대해서도 헌재에 권한쟁의심판을 청구할 수 있음.
탄핵심판	국회의 의결을 거치지 아니한 대통령의 국민 투표 부의 행위는 위헌적인 행위이므로 헌법 제65조에 따라 국회는 탄핵소추를 의결할 수 있고 헌재는 탄핵 심판을 할 수 있음.
국민 투표 무효 확인 소송	국회 의결이 위법하거나 국회 의결이 아예 없는 경우에는 국민 투표가 유효하게 성립되었다고 보기 어려움. 그렇다면 일반 국민은 투표인 10만인 이상의 찬성을 얻어 중앙선거관리위원장을 상대로 하여 대법원에 국민 투표 무효확인 소송을 제기할 수 있음(국민투표법 제92조)
저항권 행사	위 언급한 구제 방법들이 실효적이지 못할 때 국민은 저항권을 행사할 수 있음.

마지막으로 부칙이 있다.

제1조

이 헌법은 1988년 2월 25일부터 시행한다. 다만, 이 헌법을 시행하기 위하여 필요한 법률의 제정·개정과 이 헌법에 의한 대통령 및 국회의원의 선거 기타 이 헌법시행에 관한 준비는 이 헌법시행 전에 할 수 있다.

제2조

①이 헌법에 의한 최초의 대통령선거는 이 헌법시행일 40일 전까지 실시한다.

②이 헌법에 의한 최초의 대통령의 임기는 이 헌법시행일로부터 개시한다.

제3조

①이 헌법에 의한 최초의 국회의원선거는 이 헌법공포일로부터 6월 이내에 실시하며, 이 헌법에 의하여 선출된 최초의 국회의원의 임기는 국회의원선거후 이 헌법에 의한 국회의 최초의 집회일로부터 개시한다.

②이 헌법공포 당시의 국회의원의 임기는 제1항에 의한 국회의 최초의 집회일 전일까지로 한다.

제4조

①이 헌법시행 당시의 공무원과 정부가 임명한 기업

체의 임원은 이 헌법에 의하여 임명된 것으로 본다. 다만, 이 헌법에 의하여 선임방법이나 임명권자가 변경된 공무원과 대법원장 및 감사원장은 이 헌법에 의하여 후임자가 선임될 때까지 그 직무를 행하며, 이 경우 전임자인 공무원의 임기는 후임자가 선임되는 전일까지로 한다.

②이 헌법시행 당시의 대법원장과 대법원판사가 아닌 법관은 제1항 단서의 규정에 불구하고 이 헌법에 의하여 임명된 것으로 본다.

③이 헌법중 공무원의 임기 또는 중임제한에 관한 규정은 이 헌법에 의하여 그 공무원이 최초로 선출 또는 임명된 때로부터 적용한다.

제5조 이 헌법시행 당시의 법령과 조약은 이 헌법에 위배되지 아니하는 한 그 효력을 지속한다.

제6조 이 헌법시행 당시에 이 헌법에 의하여 새로 설치될 기관의 권한에 속하는 직무를 행하고 있는 기관은 이 헌법에 의하여 새로운 기관이 설치될 때까지 존속하며 그 직무를 행한다.

헌법 부칙은 직접 읽어보는 게 빠르다. 부칙이라는 말은 본문에 덧붙인 규정을 말한다. 차마 본문에서 다 하지 못한 말을 덧붙인 것이다. 우리 헌법의 부칙 내용으로는 법률의 시행일, 경과 규정, 관계 법령 개폐에 관한 내용이 작성되어 있다. 필요한 사항이라면 무엇이든지 부칙에 규정 가능하며 헌법, 법률뿐 아니라 시행령, 반상회에도 작성 가능한 그것이 부칙이다.

효력은 부수적 사항을 규정하는 것처럼 보여도 법적 효력은 본문과 같음을 명심하자. 다만, 헌법이나 법률에 반드시 부칙을 두어야 하는 건 아니지만 우리나라 헌법이나 법률은 대부분 형식적 습관상 부칙을 두고 있다는 점을 기억해두면 언젠간 쓸모 있을지도 모르겠다.

고등학생을 위한 헌법 에세이

지은이   이주용

발 행   2023년 03월 20일
펴낸이   한건희
펴낸곳   주식회사 부크크
출판사등록   2014.07.15.(제2014-16호)
주   소   서울특별시 금천구 가산디지털1로 119 SK트윈타워 A동
305호
전   화   1670-8316
이메일   info@bookk.co.kr

ISBN   979-11-410-2065-1

www.bookk.co.kr